DE L'IMPRIMERIE DE GUIRAUDET, RUE ST.-HONORÉ, N°. 315.

POËMES.

HÉLÉNA,

LE SOMNAMBULE, LA FILLE DE JEPHTÉ, LA FEMME ADULTÈRE, LE BAL, LA PRISON, ETC.

par Alf[illegible] de Vigny

A PARIS,

CHEZ PÉLICIER, LIBRAIRE, PLACE DU PALAIS-ROYAL, N°. 243.

MDCCCXXII.

DANS quelques instans de loisirs j'ai fait des vers inutiles ; on les lira peut-être, mais on n'en retirera aucune leçon pour nos temps. Tous plaignent des infortunes qui tiennent aux peines du cœur, et peu d'entre mes ouvrages se rattacheront à des intérêts politiques. Puisse du moins le premier de ces Poëmes n'être pas sorti infructueusement de ma plume ! Je serai content s'il échauffe un cœur de plus pour une cause sacrée. Défenseur de toute légitimité, je nie et je combats celle du pouvoir Ottoman.

HÉLÉNA.

CHANT PREMIER.

L'AUTEL.

Ils ont, Seigneur, affligé votre peuple, ils ont opprimé votre héritage.
Ils ont mis à mort la veuve et l'étranger, ils ont tué les orphelins.

(*Pseaumes.*)

HÉLÉNA.

Le téorbe et le luth fils de l'antique lyre,
Ne font plus palpiter l'Archipel en délire;
Son flot, triste et rêveur, lui seul émeut les airs,
Et la blanche Cyclade a fini ses concerts.
On n'entend plus le soir les vierges de Morée,
Sur le frêle caïque à la poupe dorée,
Unir en double chœur des sons mélodieux.
Elles savaient chanter, non les profanes dieux,
Apollon, ou Latone à Délos enfermée,
Minerve aux yeux d'azur, Flore, ou Vénus armée,
Alliés de la Grèce et de la liberté;
Mais la Vierge et son fils entre ses bras porté,

Qui calment la tempête, et donnent du courage
A ceux que les méchans tiennent en esclavage:
Ainsi l'hymne nocturne à l'étoile des mers
Couronnait de repos le soir des jours amers.
Sitôt que de Zea, de Corinthe et d'Alcime,
La lune large et blanche avait touché la cime,
Et douce aux yeux mortels, de ce ciel tiède et pur
Comme une lampe pâle illuminait l'azur;
Il s'élevait souvent une brise embaumée,
Qui, telle qu'un soupir de l'onde ranimée,
Aux rives de chaque île apportait à la fois
Et l'encens de ses sœurs et leurs lointaines voix.
Tout s'éveillait alors : on eût dit que la Grèce
Venait de retrouver son antique allégresse,
Mais que la belle esclave, inquiète du bruit,
N'osait plus confier ses fêtes qu'à la nuit.
Les barques abordaient en des rades secrètes,
Puis, des vallons fleuris choisissant les retraites,
Des danseurs, agitant le triangle d'airain,
Oubliaient le sommeil au son du tambourin,
Oubliaient l'esclavage auprès de leurs maîtresses
Qui de leurs cheveux blonds nouaient les longues tresses

Avec le laurier rose, et de moelleux filets,
Et des médailles d'or, et de saints chapelets.
On voyait, dans leurs jeux, Ariane abusée,
Conduire en des détours quelque jeune Thésée,
Un Grec, ainsi que l'autre, en ce joyeux moment,
Tendre, et bientôt peut-être aussi perfide amant.

Ainsi de l'Archipel souriait l'esclavage;
Tel sous un pâle front que la fièvre ravage,
D'une Vierge qui meurt, l'amour vient ranimer
Les lèvres que bientôt la mort doit refermer.
Mais depuis peu de jours, loin des fêtes nocturnes
On a vu s'écarter, graves et taciturnes,
Sous les verds oliviers qui ceignent les vallons,
Des Grecs dont les discours étaient secrets et longs.
Ils regrettaient, dit-on, la liberté chérie,
Car on surprit souvent le mot seul de patrie
Sortir avec éclat du sein de leurs propos,
Comme un beau son, des nuits enchante le repos

On a dit que surtout un de ces jeunes hommes,
Voyageant d'île en île, allait voir sous les chaumes,
Dans les antres des monts, sous l'abri des vieux bois,
Quels Grecs il trouverait à ranger sous ses lois :
Leur faisait entrevoir une nouvelle vie
Libre et fière ; il parlait d'Athènes asservie,
D'Athènes, son berceau, qu'il voulait secourir,
Qu'il y fut fiancé, qu'il y voulait mourir ;
Qu'il fallait y traîner tout, la faiblesse et l'âge,
Armer leurs bras chrétiens du glaive de Pélage,
Et faisant un faisceau des haines de leurs cœurs,
Aux yeux des nations ressusciter vainqueurs.

Écoutez, écoutez, cette cloche isolée,
Elle tinte au sommet de Scio désolée ;
A ses bourdonnemens, pleins d'un sombre transport,
Des montagnards armés descendent vers le port,
Car les vents sont levés enfin pour la vengeance,
Et la nuit, avec eux, monte d'intelligence.

L'écarlate des Grecs sur leur front s'arrondit.
Tels, quand la sainte messe à nos autels se dit,
Tous les enfans du chœur, d'une pourpre innocente
Ont coutume d'orner leur tête adolescente.
Mais à des fronts guerriers ce signe est attaché :
Lequel osera fuir ou demeurer caché ?
Une cire enflammée en leurs mains brille et fume ;
Comme d'un incendie au loin l'air s'en allume ;
Le sable de la mer montre son flanc doré,
Et sur le haut des monts le cèdre est éclairé,
Le flot rougit lui-même, et ses glissantes lames,
Ont répété de l'île et balancé les flammes.
La foule est sur les bords, son espoir curieux
Sur la vague agitée en vain jetait les yeux,
Quand, sous un souffle ami, poursuivant son vol sombre,
Un navire insurgé tout à coup sort de l'ombre.
Un étendard de sang claque à ses légers mâts,
D'armes et de guerriers un éclatant amas
Surchargent ses trois ponts ; l'airain qu'emplit la poudre
Par les sabords béans fait retentir sa foudre.
Des cris l'ont accueilli, des cris ont répondu,
De Riga, massacré, l'hymne s'est entendu.

Et le tocsin hâtif, d'une corde rebelle,
Sonne la liberté du haut de la chapelle;
On s'assemble, on s'excite, on s'arme, on est armé,
Et des rocs, à ce bruit, l'aigle part alarmé.

« Mais avant de quitter vos antiques murailles
« Il convient de prier l'arbitre des batailles, »
Disaient les Caloyers. « Dieu qui tient dans ses mains
« Les peuples, pourra seul éclairer nos chemins,
« Et si dans ce grand jour sa fureur nous pardonne,
« De Moïse à nos pas rallumer la colonne. »
Ils parlaient, et leurs voix par de sages propos
Dans cette foule émue amena le repos.
L'un s'arrache des bras de son épouse en larmes,
L'autre a quitté les soins du départ et des armes,
Les cris retentissans, le bruit sourd des adieux
S'éteignent et font place au silence pieux;
Celui de qui les pieds ont déja fui la rive
Revenu lentement, près de l'autel arrive;

L'agile matelot aux voiles suspendu
S'arrête, et son regard est vers l'île tendu.
Tous ont pour la prière une oreille docile,
Et de quelques vieillards c'était l'œuvre facile.
Tels, lorsqu'après neuf ans d'inutiles assauts
Impatiens d'Argos, couraient à leurs vaisseaux,
Les Grecs, des traits d'un Dieu redoutant le supplice,
On vit le vieux Nestor et le prudent Ulysse
Du sceptre et du langage unissant le pouvoir,
Les rattacher soumis au saint joug du devoir.

C'était sur le débris d'un vieux autel d'Homère
Où depuis trois mille ans se brise l'onde amère,
Qu'un moine, par des Turcs chassé du saint couvent,
Offrait, au nom des Grecs, l'hostie au Dieu vivant.
Désertant de l'Athos les cimes profanées,
Et courbé sous le poids de ses blanches années,
Révoltant l'île, au jour par ses desseins marqué,
Il avait reparu tel qu'un siècle évoqué;

Les peuples l'écoutaient comme un antique oracle,
De son centième hiver admirant le miracle,
Ils le croyaient béni parmi tous les humains,
Deux prêtres inclinés soutenaient ses deux mains,
Et sa barbe tombante en long fleuve d'ivoire
De sa robe, en parlant, frappait la bure noire.
« Le voici, votre Dieu, Dieu qui nous a sauvés, »
S'écriait en pleurant et les bras élevés
Le Patriarche saint : « Il descend, tout s'efface;
« Ses ennemis troublés fuiront devant sa face,
« Vous les chasserez tous, comme l'effort du vent
« Chasse la frêle paille et le sable mouvant,
« Leurs os, jetés aux mers, quitteront nos campagnes,
« Et l'ombre du Seigneur couvrira nos montagnes.
« Le sang Grec répandu, les sueurs de nos fronts,
« Les soupirs qu'ont poussés quatre siècles d'affronts,
« De la sainte vengeance ont formé le nuage;
« Et le souffle de Dieu conduira cet orage.
« Qu'il ne détourne pas son œil saint et puissant
« Quand nos pieds irrités marcheront dans le sang;
« Hélas! s'il eût permis qu'un prince ou qu'une reine
« Rallumant Constantin ou notre grande Irène,

« D'un règne légitime eût reposé les droits
« Sous les bras protecteurs de l'éternelle Croix.
« Jamais de la Morée et de nos belles îles
« Le tocsin n'eût troublé les rivages tranquilles.
« Libres du janissaire, inconnus au bazar,
« Notre main eût porté son tribut à César.
« Mais quel enfant déchu d'une race héroïque
« Ne saura pas briser son joug asiatique ?
« Qui, sans mourir de honte, eût plus long-temps souffert
« De voir ses jours tremblans mesurés par le fer;
« Chez des juges bourreaux, l'or marchander sa tête,
« Pour son toit paternel la flamme toujours prête,
« De meurtres et de sang son air empoisonné;
« Au geste dédaigneux d'un soldat couronné,
« Les fils noyés au sang des mères massacrées,
« Et, sur les frères morts, les sœurs déshonorées ?
« Oublierez-vous, Seigneur, qu'ils ont tous profané
« Votre héritage pur, comme un gazon fané ?
« Qu'ils ont porté le fer sur votre image sainte ?
« Que des temples bénis ils ont souillé l'enceinte,
« Placé sur vos enfans leurs prêtres endurcis,
« Et que sur votre autel leurs dieux se sont assis ?

« Ils ont dit dans leurs cœurs despotes et serviles :
« Exterminons-les tous, et détruisons leurs villes.
« Leurs jours nous sont vendus, nous réglerons leur temps
« Comme celui des Turcs cesse au gré des sultans;
« Sur les terres du Christ, nations passagères,
« Que nous fait l'avenir des cités étrangères?
« Passons, mais que nos bras, dans leurs larmes trempés,
« Ne laissent rien aux bords où nous étions campés.
« Et vous délaisseriez nos îles alarmées?
« Non, partez avec nous, Dieu fort, Dieu des armées;
« Avancez de ce pas qui trouble les tyrans;
« Cherchez dans vos trésors la force de nos rangs;
« Doublez à nos vaisseaux la splendeur des étoiles,
« Et que vos chérubins viennent gonfler nos voiles! »

Il disait, et les Grecs, à ces accens vainqueurs,
Crurent sentir un Dieu s'enflammer dans leurs cœurs;
Tous, les bras étendus vers la patrie antique,
Ils maudirent trois fois la horde asiatique;

Trois fois la vaste mer à leur voix répondit;
L'Alcyon soupira longuement, et l'on dit
Qu'au-dessus de leur tête un fugitif orage
En grondant, par trois fois, roula son noir nuage,
Où, parmi les feux blancs, des rapides éclairs,
La Croix de Constantin reparut dans les airs.

FIN DU CHANT PREMIER.

HÉLÉNA.

CHANT SECOND.

LE NAVIRE.

O terre de Cécrops! terre où règnent un souffle divin et des génies amis des hommes!

(*Les Martyrs*, CHATEAUBRIAND.)

HÉLÉNA.

Au cœur privé d'amour, c'est bien peu que la gloire.
Si de quelque bonheur rayonne la victoire,
Soit pour les grands guerriers, soit à ceux dont la voix
Éclaire les mortels ou leur dicte des lois,
N'est-ce point qu'en secret, chaque pas de leur vie
Retentit dans une âme invisible et ravie
Comme au sein d'un écho, qui des sons éclatans
S'empare en sa retraite et les redit long-temps?
Ainsi des chevaliers la race simple et brave
Au servage d'amour rangeait sa gloire esclave;
Ainsi de la beauté les secrètes faveurs
Élevèrent aux Cieux les poëtes rêveurs;

Ainsi souvent, dit-on, le bonheur d'un empire
Aux peuples, par les rois, descendit d'un sourire.

Il s'est trouvé parfois, comme pour faire voir
Que du bonheur en nous est encor le pouvoir,
Deux âmes, s'élevant sur les plaines du monde,
Toujours l'une pour l'autre existence féconde,
Puissantes à sentir avec un feu pareil,
Double et brûlant rayon né d'un même soleil.
Vivant comme un seul être, intime et pur mélange,
Semblables dans leur vol aux deux ailes d'un ange,
Ou telles que des nuits les jumeaux radieux
D'un fraternel éclat illuminent les cieux.
Si l'homme a séparé leur ardenr mutuelle,
C'est alors que l'on voit et rapide et fidèle
Chacune, de la foule écartant l'épaisseur,
Traverser l'Univers et voler à sa sœur.

Belle Scio, la nuit cache ta blanche ville
De tout corsaire Grec mystérieux asile ;
Mais il faut se hâter, de peur que le matin
Ne montre tes apprêts au Musulman lointain.
Tandis qu'au saint discours de leur vieux Patriarche,
Comme Israël jadis à l'approche de l'Arche,
Ainsi qu'un homme seul ce peuple se levait,
Solitaire au rivage un des Grecs se trouvait,
Triste, et cherchant au loin sur cette mer connue,
Si d'Athène à ces bords quelque voile est venue
Parmi tous ces vaisseaux qui d'un furtif abord
Du flot bleu de la rade avaient touché le bord ;
Chaque nef y trouvait ses compagnes fidèles :
C'est ainsi qu'en hiver, les noires hirondelles
Au bord d'un lac choisi par le léger conseil,
Prêtes à s'élancer pour suivre leur soleil,
Et saluant de loin la rive hospitalière,
Préparent à grands cris leur aile aventurière.
Mais rien ne paraît plus, que la lune qui dort
Sur des flots mélangés et de saphir et d'or :
Il n'y voit s'élever que les montagnes sombres,
Les colonnes de marbre et les lointaines ombres

Des îles du couchant, dont l'aspect sérieux
S'oppose au doux sourire et des eaux et des cieux.
« O faites-moi mourir ou donnez-moi des ailes!
« Criait-il; aux dangers nous serons infidèles:
« Le sang versé peut-être accuse ce retard,
« L'ancre de nos vaisseaux se lèvera trop tard. »
Ainsi disait sa voix; mais une voix sacrée
Ajoutait dans son cœur: « Attends, vierge adorée,
« Héléna, mon espoir, avant que le soleil
« Des portiques d'Athène ait doré le réveil,
« Avant qu'au Minaret, des profânes prières,
« L'Iman ait par trois fois annoncé les dernières,
« Ma main qui sur ta main ressaisira ses droits,
« Sur le seuil de ta porte aura planté la Croix.
« Suspends de tes beaux yeux les larmes répandues
« Et tes dévotes nuits à prier assidues:
« C'est à moi de veiller sur tes jours précieux,
« De conquérir ta main et la faveur des Cieux.
« Bientôt lorsque la paix couronnant notre épée
« Rajeunira les champs de la Grèce usurpée,
« Quand nos bras affranchis sauront tous appuyer
« La sainteté des mœurs et l'honneur du foyer,

« Alors on nous verra tous deux, ma fiancée,
« Traverser lentement une foule empressée,
« Devant nous les danseurs et le flambeau sacré ;
« Puis du voile de feu ton front sera paré,
« Et les Grecs s'écrieront : « Voyez, c'est la plus belle,
« C'est la belle Héléna qui, pieuse et fidèle,
« Pour sa patrie et Dieu, sacrifiant son cœur,
« Devait périr, ou vivre avec Mora vainqueur!
« Et le voici, c'est lui dont la main vengeresse
« Brisa le premier nœud des chaînes de la Grèce,
« Et pliant sous sa loi les corsaires domptés,
« Apprit à leurs vaisseaux des flots inusités. »
Ainsi loin de la foule émue et turbulente,
Auprès de cette mer à la vague indolente
Rêvait le jeune Grec, et son front incliné
De cheveux blonds flottans pâlissait couronné.
Tel, loin des pins noircis qu'ébranle un sombre orage,
Sur une onde voisine où tremble son image,
Un saule retiré courbant ses longs rameaux,
Pleure et du fleuve ami trouble les belles eaux.

Mais le cri du départ succède à la prière ;
D'innombrables flambeaux que voile la poussière,
Retournent aux vaisseaux, il y marche à grands pas,
Changeant sa rêverie en l'espoir des combats,
Tandis que l'ancre lourde en criant se retire,
Sur le pont balancé du plus léger navire,
Il s'élance joyeux; comme le cerf des bois,
Qui de sa blanche biche entend bramer la voix,
Et prompt au cri plaintif de sa timide amante
Saute d'un large bond la cascade écumante.
La voile est déployée à recevoir le vent,
Et les regards d'adieu vers le mont s'élevant,
Ont vu près d'un feu blanc dont l'île se décore,
Le vieux moine, et sa Croix qui les bénit encore.

On partait, on voguait, lorsqu'un timide esquif
Comme aux bras de sa mère accourt l'enfant craintif,
Au milieu de la flotte en silence se glisse.
— « Êtes-vous Grecs? Venez, que l'Ottoman périsse! »

— « On se bat dans Athène. Une femme est ici
« Qui vous demande asile, et pleure. La voici. »
On voit deux matelots, puis une jeune fille ;
Ils montent sur le bord, une lumière y brille,
Un cri part : « Héléna ! » Mais les yeux d'un amant
Pouvaient seuls le savoir ; pâle d'étonnement
Lui-même a reculé, croyant voir lui sourire
Le fantôme égaré d'une jeune martyre.
Il semblait que la mort eût déja disposé
De ce teint de seize ans par des pleurs arrosé :
Sa bouche était bleuâtre, entr'ouverte et tremblante ;
Son sein, sous une robe en désordre et sanglante,
Se gonflait de soupirs et battait agité
Comme un flot blanc des mers par les vents tourmenté.
Un voile déchiré tombant des tresses blondes
Qu'entraînait à ses pieds l'humide poids des ondes,
Ne savait pas cacher dans ses mobiles plis
Le sang qui rougissait ses épaules de lis.
Serrant un crucifix dans ses mains réunies,
Comme un dernier trésor pour les vierges bannies,
Sur ses traits n'était pas la crainte ou l'amitié ;
Elle n'implorait point une indigne pitié,

Mais fière, elle semblait chercher dans sa pensée
Ce qui vengerait mieux une femme offensée,
Et demander au Dieu d'amour et de douleur
Des forces pour lutter contre elle et le malheur.
Le jeune Grec disait : « Parlez, ma bien-aimée,
« Votre voix à ma voix est-elle inanimée ?
« Vous repoussez ce bras, ce cœur où pour toujours
« Se doivent confier et s'appuyer vos jours!
« Vous le voulez? eh bien! je le veux, que ma bouche
« S'éloigne de vos mains, et jamais ne les touche;
« Non, ne m'approchez pas, s'il le faut; mais du moins,
« Héléna, parlez-moi, nous sommes sans témoins:
« Voyez, tous les soldats ont connu ma pensée,
« Ils n'ont fait que vous voir, la poupe est délaissée.
« Ce voyage et la nuit auront un même cours,
« Usons d'un temps sacré propice à nos discours,
« C'est le dernier peut-être. O! dites, mon amie,
« Pourquoi pas dans Athène à cette heure endormie?
« Et pourquoi dans ces lieux? et comment? et pourquoi
« Ce désordre et vos yeux qui s'éloignent de moi? »

Ainsi disait Mora ; mais la jeune exilée
A des propos d'amour n'était point rappelée,
Même de chaque mot semblait naître un chagrin,
Car, appuyant alors sa tête dans sa main,
Elle pleura long-temps. On l'entendait dans l'ombre
Comme on entend, le soir, dans le fond d'un bois sombre
Murmurer une source en un lit inconnu.
Cherchant quelque discours de son cœur bien venu,
Son ami, qui croyait dissiper sa tristesse,
Regarda vers la mer et parla de la Grèce.
Lorsque tombe la feuille et s'abrége le jour,
Et qu'un jeune homme éteint se meurt, et meurt d'amour,
Il ne goûte plus rien des choses de la terre :
Son œil découragé, que la faiblesse altère,
Se tourne lentement vers le Ciel déjà gris,
Et sur la feuille jaune et les gazons flétris,
Il rit d'un rire amer au deuil de la nature,
Et sous chaque arbrisseau place sa sépulture ;
Sa mère alors toujours sur le lit douloureux
Courbée, et s'efforçant à des regards heureux,
Lui dit sa santé belle, et vante l'espérance
Qui n'est pas dans son cœur, lui dit les jeux d'enfance,

Et la gloire, et l'étude, et les fleurs du beau temps,
Et ce soleil ami qui revient au printemps.

Les navires penchés volaient sur l'eau dorée
Comme de cygnes blancs une troupe égarée
Qui cherche l'air natal et le lac paternel.
Le spectacle des mers est grand et solennel :
Ce mobile désert, bruyant et monotone,
Attriste la pensée encor plus qu'il n'étonne;
Et l'homme, entre le Ciel et les ondes jeté,
Se plaint d'être si peu devant l'immensité.
Ce fut surtout alors que cette mer antique
Aux Grecs silencieux apparut magnifique.
La nuit, cachant les bords, ne montrait à leurs yeux
Que les tombeaux épars, et les temples des dieux,
Qui, brillant tour à tour au sein des îles sombres,
Escortaient les vaisseaux, comme de blanches ombres,
En leur parlant toujours et de la liberté,
Et d'amour, et de gloire, et d'immortalité.

Alors Mora, semblable aux antiques Rapsodes
Qui chantaient sur ces flots d'harmonieuses odes,
Enflamma ses discours de ce feu précieux
Que conservent aux Grecs l'amour et leurs beaux cieux :
« O regarde, Héléna ! que ta tête affligée
« Se soulève un moment pour voir la mer Égée ;
« O respirons cet air ! c'est l'air de nos aïeux,
« L'air de la liberté qui fait les demi-dieux ;
« La rose et le laurier qui l'embaument sans cesse,
« De victoire et de paix lui portent la promesse,
« Et ces beaux champs captifs qui nous sont destinés
« Ont encor dans leur sein des germes fortunés :
« Le soleil affranchi va tous les faire éclore.
« Vois ces îles : c'étaient les corbeilles de Flore ;
« Rien n'y fut sérieux, pas même les malheurs ;
« Les villes de ces bords avaient des noms de fleurs ;
« Et, comme le parfum qui survit à la rose,
« Autour des murs tombés leur souvenir repose.
« Là, sous ces oliviers au feuillage tremblant,
« Un autel de Vénus lavait son marbre blanc ;
« Vois cet astre si pur dont la nuit se décore
« Dans ce ciel amoureux, c'est Cythérée encore :

« Par nos riants aïeux ce ciel est enchanté,
« Son plus beau feu reçut le nom de la beauté,
« La beauté leur déesse. Ame de la nature,
« Disaient-ils, l'univers roule dans sa ceinture :
« Elle vient, le vent tombe et la terre fleurit ;
« La mer, sous ses pieds blancs s'apaise et lui sourit.
« Mensonges gracieux, religion charmante
« Que rêve encor l'amant auprès de son amante ! »

Quand un lis parfumé qu'arrose l'Ilissus,
De son beau vêtement courbe les blancs tissus,
Sous l'injure des vents et de la lourde pluie,
S'il advient qu'un rayon pour un moment l'essuie,
Son front alors s'élève, et, fier dans son réveil,
Entr'ouvre un sein humide et cherche son soleil ;
Mais l'eau qui l'a flétri, prolongeant son supplice,
Tombe encor lentement des bords de son calice.
Héléna releva son front et ses beaux yeux,
Les égara long-temps sur la mer et les cieux,

Ses pleurs avaient cessé, mais non pas sa tristesse.
D'un rire dédaigneux : « C'est donc une autre Grèce,
« Dit-elle, où vous voyez des temples et des fleurs ?
« Moi, je vois des tombeaux brisés par des malheurs.
« — Eh quoi ! derrière nous, vois-tu pas, mon amie,
« Telle qu'une Sirène en ses flots endormie,
« Lesbos au blanc rivage, où l'on dit qu'autrefois
« Les premiers chants humains mesurèrent les voix ?
« Une vague y jeta comme un divin trophée
« La tête harmonieuse et la lyre d'Orphée ;
« Avec le même flot, la Mélodie alors
« Aborda : tous les sons connurent les accords ;
« Philomèle en ces lieux gémissait plus savante.
« Fière de ses enfans, cette île encor se vante
« Des pleurs mélodieux et des tristes concerts
« Qu'à leur mort soupiraient les Muses dans les airs. »
Mais Héléna disait, en secouant sa tête
Et ses cheveux flottans : « Votre bouche s'arrête ;
« Vous craignez ma tristesse et ne me dites pas,
« Sapho, son abandon, sa lyre et son trépas.
« Elle était comme moi, jeune, faible, amoureuse ;
« Je vais mourir aussi, mais bien plus malheureuse !

« — Tu ne peux pas mourir, puisque je combattrai.
« — Oui, vous serez vainqueur, et pourtant je mourrai!
« Que les vents sont tardifs! quel est donc ce rivage?
« — Héléna, détournons un lugubre présage.
« Bientôt nous abordons: ne vois-tu pas déjà
« La flottante Délos, qu'Apollon protégea?
« Paros au marbre pur, sous le ciseau docile?
« Scyros où bel enfant se travestit Achille?
« Vers le nord c'est Zéa qui s'élève à nos yeux;
« Vois l'Attique : à présent reconnais-tu tes cieux? »

Héléna se leva : « Lune mélancolique,
« Dit-elle, ô montre-moi les rives de l'Attique!
« Que tes chastes rayons dorant ses bois anciens,
« L'éclairent à mes yeux sans m'éclairer aux siens!
« O Grèce! je t'aimais comme on aime sa mère!
« Que ce vent conducteur qui rase l'onde amère,
« Emporte mon adieu, que tu n'entendras pas,
« Jusqu'aux lauriers amis de mes plus jeunes pas,

« De mes pas curieux. Lorsque seule, égarée,
« Sous un pudique voile, aux rives du Pirée,
« J'allais, de Thémistocle invoquant le tombeau,
« Rêver un jeune époux, fidèle, illustre et beau,
« Couple fier et joyeux, de nos temples antiques,
« Nous aurions d'un pas libre admiré les portiques;
« Mes destins bienheureux ne seraient plus rêvés,
« Et sur les murs deux noms auraient été gravés;
« Mon sein aurait connu les douceurs maternelles,
« Et, comme sur l'oiseau sa mère étend ses ailes,
« J'eusse élevé les jours d'un jeune Athénien,
« Libre dès le berceau, dès le berceau chrétien.
« Mais d'où me vient encor ce regret de la vie?
« Ma part dans ses trésors m'est à jamais ravie:
« Comment autour de moi se viennent-ils offrir?
« Devrait-elle y penser, celle qui va mourir?
« Hélas! je suis semblable à la jeune novice
« Qui change au voile noir, et les fleurs, son délice,
« Et les bijoux du monde, et, prête à les quitter,
« Les touche et les admire avant de les jeter.
« Des maux non mérités je me suis étonnée,
« Et je n'ai pas compris d'abord ma destinée:

« Car j'ai des ennemis, je demande le sang.
« Je pleure, et cependant mon cœur est innocent,
« Mon cœur est innocent, et je suis criminelle. »
Et puis sa voix s'éteint, et sa lèvre décèle
Ce murmure sans bruit par le vent emporté :
« Et j'unis l'infamie avec la pureté ! »

D'abord le jeune Grec, d'une oreille ravie,
Écoutait ces accens de bonheur et de vie.
A genoux devant elle, il admirait ses yeux,
Humides, languissans et tournés vers les Cieux ;
Immobile, attentif, il laissait fuir à peine
De sa bouche entr'ouverte une brûlante haleine ;
Il la voyait renaître : oubliant de souffrir,
Dans son heureuse extase il eût voulu mourir.
Mais lorsqu'il entendit sa mobile pensée
Redescendre à se plaindre, il la dit insensée ;
Prenant ses blanches mains qu'il arrosait de pleurs,
Habile à détourner le cours de ses douleurs,

Il dit : « Hélas! ton âme est comme la colombe
« Qui monte vers le Ciel, puis gémit et retombe.
« Que n'as-tu poursuivi tes discours gracieux?
« Je voyais l'avenir passer devant mes yeux.
« Chasse le repentir, l'inquiétude amère,
« L'époux fait pardonner d'avoir quitté la mère.
« Qu'as-tu fait, dis-le-moi, de la noble fierté
« Qui soulevait ton cœur au nom de liberté?
« Tu t'endors aux chagrins de quelque vain scrupule,
« Quand mon vaisseau t'emporte à la terre d'Hercule! »

Des longs pleurs d'Héléna par torrens échappés,
Il sentit ses cheveux long-temps encor trempés;
Mais honteuse, bientôt elle éleva la tête,
Et l'on revit briller sur sa bouche muette,
Au travers de ses pleurs, un sourire vermeil,
Comme à travers la pluie un rayon du soleil.
Son regard s'allumait comme une double étoile;
Sa main rapide enlève et jette aux flots son voile;

Elle tremble et rougit : va-t-elle raconter
Les secrets de son cœur qu'elle ne peut dompter ?
« J'avais baissé les yeux en implorant le glaive ;
« J'ai trouvé le vengeur, ma tête se relève,
« Dit-elle : ô donnez-moi ce luth ionien,
« Nul amour pour les chants ne fut égal au mien.
« Se mesurant en chœur, que vos voix cadencées
« Suivent le mouvement des poupes balancées.
« O jeunes Grecs ! chantons ; que la nuit et ces bords
« Retentissent émus de nos derniers accords :
« Les accords précédaient les combats de nos pères ;
« Et nous, n'avons-nous pas nos trois Muses sévères,
« La Douleur et la Mort toujours devant nos yeux,
« Et la Vengeance aussi, la volupté des Dieux ? »

LE CHOEUR DES GRECS.

O jeune fiancée ! ô belle fugitive !
Les guerriers vont répondre à la Vierge plaintive ;
Le dur marin sourit à la faible beauté,
Et son bras est vainqueur quand sa voix a chanté.

CHANT II.

HÉLÉNA.

Regardez, c'est la Grèce ; ô regardez ! c'est elle !
Salut, reine des Arts ! salut, Grèce immortelle !
Le monde est amoureux de ta pourpre en lambeaux,
Et l'or des nations s'arrache tes tombeaux.

O fille du Soleil ! la Force et le Génie
Ont couronné ton front de gloire et d'harmonie.
Les générations avec ton souvenir
Grandissent ; ton passé règle leur avenir.

Les peuples froids du Nord, souvent pleins de ta gloire,
De leurs propres aïeux ont perdu la mémoire ;
Et quand, las d'un triomphe, il dort dans son repos,
Le cœur des Francs palpite aux noms de tes héros.

O terre de Pallas ! contrée au doux langage !
Ton front ouvert sept fois, sept fois fit naître un sage.
Leur génie en grands mots dans les temps s'est inscrit,
Et Socrate mourant, devina Jésus-Christ.

LE CHOEUR.

O vous, de qui la voile est proche de nos voiles,
Vaisseaux Helléniens, oubliez les étoiles!
Approchez, écoutez la Vierge aux sons touchans:
La Grèce, notre mère, est belle dans ses chants.

HÉLÉNA.

O fils des héros d'Homère!
Des temps vous êtes exclus;
Telle n'est plus votre mère,
Et vos pères ne sont plus.
Chez nous l'Asie indolente
S'endort superbe et sanglante;
Et tranquilles sous ses yeux,
Les esclaves de l'esclave
Regardent la mer qui lave
L'urne vide des aïeux.

LE CHŒUR.

Mais la nuit aura vu ces eaux moins malheureuses,
Laver avec amour nos poupes généreuses ;
Et ces tombes sans morts, veuves de nos parens,
Regorgeront demain des os de nos tyrans.

HÉLÉNA.

Non, des Ajax et des Achilles
Vous n'avez gardé que le nom :
Vos vaisseaux se cachent aux îles
Que cachaient ceux d'Agamemnon ;
Mahomet règne dans nos villes,
Se baigne dans les Thermopyles,
Chaudes encor d'un sang pieux ;
Son croissant dans l'air se balance.....
Diomède a brisé sa lance :
On n'ose plus frapper les dieux.

LE CHOEUR.

L'aube de sang viendra, vous verrez qui nous sommes :
Vos chants n'oseront plus redemander des hommes.
Compagnon mutilé de la mort de Riga
Et pirate sans fers, fugitif de Parga,
Le marin, rude enfant de l'île,
Loin de ses bords chéris flotte sans l'oublier;
Il sait combattre comme Achille,
Et son bras est sans bouclier.

HÉLÉNA.

O nous pourrions déjà les entendre crier!
Ces filles, ces enfans, innocentes victimes;
Vos ennemis rians les foulent sous leurs pas,
Et leur dernier soupir s'étonne de ces crimes
Que leur âge ne savait pas.

Vous avez évité ces horribles trépas,
Vous, sœurs de mon destin, plus heureuses compagnes,
Votre pudeur tremblante a fui dans les montagnes;

Appelant de leurs mains et plaignant Héléna,
Leur troupe poursuivie arrive à Colona ;
Puis sur le cap vengeur, l'une à l'autre enlacée,
Chanta d'une voix ferme, exempte de sanglots,
Et leur hymne de mort, sur le mont commencée,
S'éteignit sous les flots.

LE CHOEUR.

O tardive vengeance! ô vengeance sacrée!
Par trois cents ans captifs sans espoir implorée,
As-tu rempli ta coupe avec ces flots de sang?
Quand la verseras-tu sur eux?

HÉLÉNA.

Elle descend.
Voyez-vous sur les monts ces feux patriotiques
S'agiter aux sommets de leurs croupes antiques?
Et Colone, et l'Hymète, et le Pœcile altier,
Que l'olivier brûlant éclaire tout entier?

Comme aux fils de Léda la flamme est sur leur tête;
Les Grecs les ont parés pour quelque grande fête:
C'est celle de la Grèce et de la liberté;
Le signal de nos feux à leurs yeux est porté.

Quittez vos trônes d'or, Nations de la terre;
Entourez-nous et dépouillez le deuil;
Votre sœur soulève la pierre
Qui la couvrait dans son cercueil.
A la fois pâle, faible et fière,
Ses deux mains implorent vos mains;
Ses yeux, que du sépulcre aveugle la poussière,
Vers ses anciens lauriers demandent leurs chemins.
La victoire la rendra belle;
Tendez-lui de vos bras le secours belliqueux,
Les Dieux combattaient avec elle;
Êtes-vous donc plus grandes qu'eux?
Du moins contre la Grèce, ô n'ayez point de haine!
Encouragez-la dans l'arène;
Par des cris fraternels secondez ses efforts;
Et comme autrefois Rome en leur sanglante lutte,

De ses gladiateurs jugeait de loin la chute,
Que vos oisives mains applaudissent nos morts.

Elle disait. Ses bras, sa tête prophétique
Se penchaient sur les eaux et tendaient vers l'Attique.
En foule rassemblés, remplis d'étonnement,
Quand pâle, enveloppée en son blanc vêtement,
Elle s'élevait seule au sein de l'ombre noire,
Les Grecs se rappelaient ces images d'ivoire
Qu'aux poupes des vaisseaux consacraient leurs aïeux,
Pour les mieux assurer de la faveur des Dieux.

FIN DU CHANT SECOND.

HÉLÉNA.

CHANT TROISIÈME.

L'URNE.

Cette urne que je tiens contient-elle sa cendre?
O vous! à ma douleur, objet terrible et tendre,
Éternel entretien de haine et de pitié!

(Corneille.)

HÉLÉNA.

« Aux armes, fils d'Ottman, car de sa voix roulante
« Le tambour vous rappelle à la tâche sanglante,
« Le canon gronde encor sur le fort de Phylé.
« Le cœur des Giaours à ce bruit a tremblé,
« Sous leurs tombeaux détruits ils ont caché leur tête;
« Mais le sabre courbé va sortir, et s'apprête
« A confondre bientôt leurs crânes révoltés
« Aux cendres des aïeux qui les ont exaltés.
« Poursuivons des vils Grecs le misérable reste,
« Abandonnez ces vins que Mahomet déteste,
« Et ces femmes en pleurs qui meurent dans les cris,
« Indignes des guerriers qu'attendent les houris! »

Ainsi criait l'Emir, et dans sa main sanglante
S'agitait de Damas la lame étincelante;
Son cheval bondissant écumait sous le mords,
Et ses fers indignés glissaient au sang des morts,
Quand le maître animait sa hennissante bouche,
Et d'un large étrier pressait son flanc farouche.
Éveillés à ses cris, ses soldats basanés
S'avancent d'un pas ivre et les yeux étonnés.

Quand le tigre indolent sorti de sa mollesse
De ses flancs tachetés déployant la souplesse,
A saisi dans ses bonds le chevreuil innocent,
Long-temps après sa mort il lèche encor son sang,
Il disperse sa chair d'un ongle plein de joie,
Roule en broyant les os et s'endort sur sa proie.
Non moins lâche et cruel, le Musulman trompeur
Se venge sur les morts d'avoir senti la peur :
Il demande la paix, il l'obtient par la feinte;
Puis, la tête ennemie, offerte à lui sans crainte,

Tombe et lui sert de coupe à ce même festin
Qu'avait, pour le traité, préparé le matin.
En de telles horreurs Athène était plongée,
Et tant de cris sortaient d'une foule égorgée,
Que, si j'osais conter d'une imprudente voix
Ces attentats, un jour le repentir des rois,
Le guerrier briserait son impuissante épée
Dans son élan vengeur par le devoir trompée ;
La mère, des chrétiens accusant la lenteur,
Regardant vers le seuil, sur un sein protecteur
Presserait son enfant ; et la vierge innocente
Cacherait dans ses mains sa tête rougissante.
Au bruit de la timbale et des clairons d'airain
Les coursiers se cabrant, font résonner le frein ;
Leurs fronts jettent l'écume et leurs pieds la poussière,
Du sultan de Stamboul élevant la bannière
Le Pacha vient, on part. Les Spahis en marchant
Règlent leur pas sonore aux mots sacrés du chant :

Allah prépare leur défaite ;
Priez, chantez : Dieu seul est Dieu,

Et Mahomet est son Prophète.
Le Koran gouverne ce lieu ;
Que le Giaour tombe et meure.
Dans la flamboyante demeure
Par Monkir * il sera jeté.
La terre brûlera l'impie,
Car sa tombe sera sans pluie
Sous les dards plombés de l'été.

Le Croyant superbe s'avance :
Il est brave ; il sait que son sort
Avec lui marche, écrit d'avance
Sur l'invisible collier d'or ; **
Son front sous le dernier génie,
Dont le vol a de l'harmonie,
Se courbe sans être irrité.
La prévoyance est inhabile
A reculer l'heure immobile
Que marque la fatalité.

* Monkir, l'ange des Enfers. (*Alkoran.*)
** *Alkoran.*

Si la mort frappe le fidèle,
Quittant son paradis vermeil
Et déployant l'or de son aile,
La Péri * viendra du Soleil.
Ses chants le berceront de joie,
Ses doigts ont travaillé la soie
Où le brave doit reposer;
L'entourant d'une écharpe verte,
Sa bouche de rose entr'ouverte
L'accueillera par un baiser.

Qui puisera les eaux sacrées
Dans la fontaine de Cafour, **
Où les houris désaltérées
Chancellent et tombent d'amour ?
Leurs yeux doux, qu'un cil noir protége,
Vous regardent : leurs bras de neige
Applaudiront au combattant;
Et dans des coupes d'émeraude

* Ange féminin chez les Mahométans : il vit dans le Soleil et parmi les astres. (*Alkoran.*)

** Fontaine du Paradis turc : elle roule des pierreries. (*Alkoran.*)

Une liqueur vermeille et chaude
Coule de leurs doigts et l'attend.

Allah prépare leur défaite,
Il a pris le glaive de feu;
Priez, chantez : Dieu seul est Dieu,
Et Mahomet est son Prophète.

Si de grands bœufs errans sur les bords d'un marais
Combattent le loup noir sorti de ses forêts,
Long-temps en cercle étroit leur foule ramassée
Présente à ses assauts une corne abaissée,
Et, reculant ainsi jusque dans les roseaux,
Cherche un abri fangeux sous les dormantes eaux.
Le loup rôde en hurlant autour du marécage :
Il arrache les joncs, seule proie à sa rage,
Car, au lieu du poil jaune et des flancs impuissans,
Il voit nager des fronts armés et mugissans.

Mais que les aboiemens d'une meute lointaine
Rendent sûrs ses dangers et sa fuite incertaine,
Il s'éloigne à regret; son œil menace et luit
Sur l'ennemi sauvé que lui rendra la nuit:
Tandis que, rassuré dans sa retraite humide,
Le troupeau laboureur, devenu moins timide,
Sortant des eaux ses pieds fourchus et limoneux,
Contemple le combat des limiers généreux.
Tels les Athéniens, du haut de leurs murailles,
Écoutaient, regardaient les poudreuses batailles.
« Quels pas ont soulevé ce nuage lointain?
« Ces sables volent-ils sous le vent du matin?
« Se disaient-ils : quittant l'Afrique dévorée,
« Le Semoun flamboyant souffle-t-il du Pyrée?
« Il accourt vers Athène et renverse en courant
« L'Ottoman qui résiste, et le laisse mourant.
« Ce sont des Grecs : voyez, voyez notre bannière!
« Elle est resplendissante à travers la poussière. »
Mora la soutenait, et ses exploits errans
Bien loin derrière lui laissaient les premiers rangs.
Tenant sa main, paraît la belle et jeune fille,
Pâle; un crucifix d'or au-dessus d'elle brille:

Elle osait l'élever d'un bras ferme et pieux,
Sans craindre d'appeler la mort avec les yeux,
Marchait, et d'un œil sûr comme sachant leurs crimes,
Au Grec avec sa croix désignait ses victimes.
Lui, suspendait ses pas, et sa froide fureur
Frappait, en souriant de dédain et d'horreur.
Alors on entendit, du haut des édifices,
Des femmes applaudir ces sanglans sacrifices;
Elles criaient : « O Grèce! ô Grèce! lève-toi!
« L'ange exterminateur vient, guidé par la foi! »
Et, la joie et les pleurs se mêlant aux prières,
De leurs murs démolis précipitaient les pierres,
Et l'huile bouillonnante, et le plomb ruisselant
Jetés avec fracas en fleuve étincelant,
Répandaient aux turbans que choisissaient leurs haines,
Des maux avant-coureurs des éternelles peines;
Tandis que, soulevant les pierres des tombeaux,
Leurs pères, leurs enfans, leurs époux en lambeaux,
Sortaient, pour le combat, de leurs retraites sombres,
Et de leurs grands aïeux représentaient les ombres.

Les Turcs tombent alors vaincus; les deux amans
D'un pied triomphateur foulaient ces corps fumans.
Comme on voit d'un volcan le feu long-temps esclave
Tonner, couler, descendre en une ardente lave,
Et, confondant les rocs et les toits arrachés
Aux cadavres brûlans des chênes desséchés,
Renouveler le Styx pour les tremblantes plaines,
Tels marchaient après eux les rapides Hellènes.
Leurs bras rassasiés, désœuvrés de martyrs,
Arrachaient en passant quelques derniers soupirs;
Mais leurs yeux et leurs pas tendaient vers la fumée
Qui roulait en flots noirs sur l'église enflammée.
Là tombaient des chrétiens au pied de leur autel;
On entendait le cri sans voir le coup mortel,
Car l'incendie en vain éclairait tant de crimes :
Les portes dérobaient et bourreaux et victimes.
On les frappe à grand bruit. Calme comme un vainqueur,
Mora pressait alors Héléna sur son cœur.
« Viens, disait-il, viens voir la maison paternelle,
« Puisque ses murs quittés te font si criminelle;
« C'est là ta seule peine. Allons, viens avec moi,
« Le vainqueur amoureux va supplier pour toi;

« J'y vais trouver ensemble et ta main et ta grâce :
« Qu'as-tu fait que la gloire et notre amour n'efface ? »
Mais elle s'avançait : « Ne parlez pas ainsi,
« Vous allez m'affaiblir ; Dieu m'a conduite ici ! »
Et le délire alors semblait troubler sa vue
Vers le temple brûlant toujours, toujours tendue.
« C'est Dieu qui me fait voir quel doit être mon sort !
« Silence ! taisons-nous ; j'entends venir ma mort ! »
On entendait, au fond de l'église en tumulte,
Des hurlemens, des cris de femmes, et l'insulte,
Et le bruit de la poudre et du fer. Cependant
Un nuage de feu sortait du toit ardent.
« Mon ami, disait-elle, ô soutenez mon âme !
« Rendez-moi forte : hélas ! je ne suis qu'une femme ;
« Quand je vous vois, je sens que j'aime encor le jour ;
« Il ne me reste plus à vaincre que l'amour ;
« Pour l'autre sacrifice, il est fait. » Et ses larmes
Qu'elle voulait cacher, l'ornaient de nouveaux charmes.
Lui, la priait de vivre, et ne comprenait pas
Quels chagrins l'appelaient à vouloir le trépas.
Elle était sur son cœur ; sa tête était penchée.
On croyait qu'à ses cris elle serait touchée ;

Mais la porte du temple est ouverte, et l'on voit
Tous ceux que menaçait le poids brûlant du toit:
Tous les Turcs étaient là ; mais chacun d'eux s'arrête,
Croise ses bras, jetant son fer, lève la tête,
Et sur la mort qui tombe ose fixer les yeux.
Un seul cri de terreur s'élève jusqu'aux Cieux ;
Le dôme embrasé craque, et dans l'air se balance.
« Je les reconnais tous! » dit-elle. Elle s'élance,
Et sur le seuil fumant monte. « Je meurs ici !
« — Sans ton époux? dit-il. — Mes époux ? les voici !
« Je meurs vengée! Adieu, tombez, murs que j'implore;
« Les Cieux me sont ouverts, mon âme est vierge encore! »
Et le clocher, les murs, les marbres renversés,
Les vitraux en éclats, les lambris dispersés,
Et les portes de fer, et les châsses antiques,
Et les lampes dont l'or surchargeait les portiques,
Tombent; et dans sa chute ardente, leur grand poids
De cette foule écrase et la vie et la voix.
Long-temps les flots épais d'une rouge poussière
Du soleil et du ciel étouffent la lumière ;
On espère qu'enfin ses voiles dissipés
Montreront quelques Grecs au désastre échappés ;

Mais la flamme bientôt, pure et belle, s'élance,
Et sur les morts cachés brille et monte en silence.

Cependant, vers le soir, les combats apaisés
Livrèrent toute Athène aux vainqueurs reposés.
Après l'effroi d'un jour que la flamme et les armes
Avaient rempli de sang et de bruit et d'alarmes,
Sur les murs dévastés, sur les toits endormis,
La lune promenait l'or de ses feux amis.
Athène sommeillait; mais des clartés errantes,
Puis, dans l'ombre, des cris soudains, des voix mourantes,
De quelques fugitifs venaient glacer les cœurs;
Ils craignaient les vaincus non moins que les vainqueurs:
Ils étaient Juifs. Surtout en haut de la colline
Que du vieux Parthenon couronne la ruine,
Dans ses piliers moussus, ses anguleux débris,
Ils avaient cru trouver de plus secrets abris.
Comme l'humble araignée et sa frêle tenture,
Des lambris d'un palais dérobent la sculpture,

Une Mosquée, au coin du temple chancelant,
Suspendait sa coupole et cachait son front blanc :
C'est là qu'une famille, encor d'effroi troublée,
En cercle ténébreux s'était toute assemblée ;
Autour d'un candelabre aux autels dérobé,
Ils comptaient l'amas d'or entre leurs mains tombé,
Les sabres de Damas que le soldat admire,
Et les habits moelleux tissus à Cachemire,
Les calices chrétiens, les colliers, les croissans,
Ces boucles, de l'oreille ornemens innocens :
Car aux fils de Judas toute chose est permise,
Comme dans leurs trésors toute chose est admise.
D'avance épouvantés d'images de trépas,
Tous ces Juifs ont frémi ; l'on entendait des pas,
Les pas d'un homme seul sous la voûte sonore :
Il marchait, s'arrêtait, et puis marchait encore.
Et l'écho des degrés, en bruits sourds et confus ;
Leur renvoya ces mots vingt fois interrompus :

« Le sang du fer vengeur s'essuiera dans la terre
« Je veux qu'il creuse là ta fosse solitaire;
« Dans l'urne inattendue où ne luit aucun nom,
« Ta cendre va dormir au pied du Parthenon.
« Dans ce vase de mort, teint d'une antique rouille,
« On ne versa jamais plus lugubre dépouille,
« Tant de malheurs dedans, et tant de pleurs dehors
« N'ont jamais affligé ses funéraires bords.
« Et certes cette gloire au moins nous est bien due,
« D'avoir de tout malheur dépassé l'étendue.

« — Ni l'homme d'aujourd'hui, ni la postérité
« N'oseront te sonder jusqu'à la vérité,
« Jeune cendre; et des maux de ce jour de misères
« La moitié suffirait aux désespoirs vulgaires.
« Quand un passant viendra chercher, en se courbant,
« Quelques vieux noms de morts dérobés au turban,
« Il trouvera cette urne, et, déterrant sa proie,
« Rassasiera de nous sa curieuse joie;
« Il tournera long-temps ce bronze, et pour jamais
« Dispersera dans l'air la beauté que j'aimais.
« Et si son cœur tressaille à l'aspect de sa cendre,
« Si dans des maux passés il consent à descendre;

« Que pourra sa pitié? Ce que toujours on vit,
« Plaindre, non l'être mort, mais l'être qui survit;
« Moi-même j'ai bien cru que la mort d'une amante
« Était le plus grand mal dont l'enfer nous tourmente.
« Ah! que ne puis-je en paix savourer ce malheur!
« Il serait peu de chose auprès de ma douleur.
« Dans son temps virginal que ne l'ai-je perdue!
« A se la rappeler ma tristesse assidue
« La pleurerait sans tache, et distillant mon fiel,
« Je n'aurais qu'à gémir et maudire le Ciel.
« Je dirais : Héléna! que n'es-tu sur la terre?
« Tu laisses après toi ton ami solitaire,
« Renais! Que ta beauté, belle de ta vertu,
« Vienne au jour, et le rende à mon cœur abattu.
« Mais de pareils regrets la douceur m'est ravie,
« Il faut pleurer sa mort sans regretter sa vie;
« Et si ces restes froids cédaient à mon amour,
« J'hésiterais peut-être à lui rendre le jour.
« Malheur! je ne puis rien vouloir en assurance,
« Et dédaigne le bien qui fut mon espérance!
« Héléna! nous n'aurions qu'un amour sans honneur :
« Vas, j'aime mieux ta cendre encor qu'un tel bonheur.

« Descends, descends en paix ; attends ici ma gloire,
« En te la rapportant après notre victoire,
« Je la mépriserai pour te pleurer toujours,
« Et, ton urne à la main, je compterai mes jours. »

FIN DU TROISIÈME ET DERNIER CHANT.

On éprouve un grand charme à remonter par la pensée jusqu'aux temps antiques : c'est peut-être le même qui entraîne un vieillard à se rappeler ses premières années d'abord, puis le cours entier de sa vie. La Poésie, dans les âges de simplicité, fut toute entière vouée aux beautés des formes physiques de la nature et de l'homme ; chaque pas qu'elle a fait ensuite avec les sociétés, vers nos temps de civilisation et de douleurs, a semblé la mêler à nos arts ainsi qu'aux souffrances de nos âmes ; à présent, enfin, sérieuse comme notre Religion et la Destinée, elle leur emprunte ses plus grandes beautés. Sans jamais se décourager, elle a suivi l'homme dans son grand voyage, comme une belle et douce compagne.

J'ai tenté dans notre langue quelques-unes de ses couleurs, en suivant aussi sa marche vers nos jours.

POËMES

ANTIQUES.

LA DRYADE.

LA DRYADE.

Vois-tu ce vieux tronc d'arbre aux immenses racines?
Jadis il s'anima de paroles divines;
Mais, par les noirs hivers, le chêne fut vaincu,
Et la Dryade aussi comme l'arbre a vécu:
(Car, tu le sais, berger, ces Déesses fragiles,
Envieuses des jeux et des danses agiles,
Sous l'écorce d'un bois où les fixa le sort,
Reçoivent avec lui la naissance et la mort.)
Celle dont la présence enflamma ces bocages,
Répondait aux pasteurs du sein des verts feuillages,
Et, par des bruits secrets, mélodieux et sourds,
Donnait le prix du chant, ou jugeait les amours.

Bathylle aux blonds cheveux, Ménalque aux noires tresses,
Un jour lui racontaient leurs rivales tendresses.
L'un parait son front blanc de myrte et de lotus,
L'autre, ses cheveux bruns de pampres revêtus,
Offrait à la Dryade une coupe d'argile;
Et les roseaux chantans enchaînés par Bathylle,
Ainsi que le dieu Pan l'enseignait aux mortels,
S'agitaient, suspendus aux verdoyans autels.
J'entendis leur prière, et de leur simple histoire
Les Muses et le temps m'ont laissé la mémoire.

MÉNALQUE.

O Déesse propice! Écoute, écoute-moi!
Les Faunes, les Sylvains dansent autour de toi,
Quand Bacchus a reçu leur bruyant sacrifice;
Ombrage mes amours, ô Déesse propice!

BATHYLLE.

Dryade du vieux chêne, écoute mes aveux!
Les vierges, le matin, dénouant leurs cheveux,

Quand du brûlant amour la saiso.. est prochaine,
T'adorent; je t'adore, ô Dryade du chêne!

MÉNALQUE.

Que Liber protecteur, père des longs festins,
Entoure de ses dons tes champêtres destins,
Et qu'en écharpe d'or la vigne tortueuse
Serpente autour de toi, fraîche et voluptueuse.

BATHYLLE.

Que Vénus te protége et t'épargne ses maux,
Qu'elle anime, au printemps, tes superbes rameaux;
Et, si de quelque amour, pour nous mystérieuse,
Le charme te liait à quelque jeune yeuse,
Que ses bras délicats et ses feuillages verts
A tes bras amoureux se mêlent dans les airs.

MÉNALQUE.

Ida! j'adore Ida, la légère bacchante:
Ses cheveux noirs, mêlés de grappes et d'acanthe,
Sur le tigre, attaché par une griffe d'or,
Roulent abandonnés; sa bouche rit encor
En chantant Évoë; sa démarche chancelle,
Ses pieds nus, ses genoux que la robe décèle,
S'élancent, et son œil, de feux étincelant,
Brille comme Phébus sous le signe brûlant.

BATHYLLE.

C'est toi que je préfère, ô toi, vierge nouvelle
Que l'heure du matin à nos désirs révèle!
Quand la lune au front pur, reine des nuits d'été,
Verse au gazon bleuâtre un regard argenté,
Elle est moins belle encor que ta paupière blonde,
Qu'un rayon chaste et doux sous son long voile inonde.

MÉNALQUE.

Si le fier léopard, que les jeunes Sylvains
Attachent rugissant au char du Dieu des vins,
Voit amener au loin l'inquiète tigresse
Que les Faunes, troublés par la joyeuse ivresse,
N'ont pas su dérober à ses regards brûlans,
Il s'arrête, il s'agite, et de ses cris roulans
Les bois sont ébranlés; de sa gueule béante,
L'écume coule en flots sur une langue ardente :
Furieux, il bondit, il brise ses liens,
Et le collier d'ivoire et les jougs Phrygiens;
Il part, et dans les champs qu'écrasent ses caresses,
Prodigue à ses amours de fougueuses tendresses.
Ainsi, quand tu descends des cimes de nos bois,
Ida! lorsque j'entends ta voix, ta jeune voix
Annoncer par des chants la fête bacchanale,
Je laisse les troupeaux, la bêche matinale,
Et la vigne et la gerbe où mes jours sont liés :
Je pars, je cours, je tombe et je brûle à tes pieds.

BATHYLLE.

Quand la vive hirondelle est enfin réveillée,
Elle sort de l'étang, encor toute mouillée,
Et, se montrant au jour avec un cri joyeux,
Au charme d'un beau ciel, craintive, ouvre les yeux;
Puis, sur le pâle saule, avec lenteur voltige,
Interroge avec soin le bouton et la tige;
Et sûre du printemps, alors, et de l'amour,
Par des cris triomphans célèbre leur retour.
Elle chante sa joie aux rochers, aux campagnes,
Et, du fond des roseaux excitant ses compagnes:
Venez! dit-elle; allons! paraissez, il est temps!
Car voici la chaleur et voici le printemps.
Ainsi, quand je te vois, ô modeste bergère!
Fouler de tes pieds nus la riante fougère,
J'appelle, autour de moi, les pâtres nonchalans
A quitter le gazon, selon mes vœux, trop lents;
Et crie, en te suivant dans ta course rebelle :
Venez! ô venez voir comme Glicère est belle!

MÉNALQUE.

Un jour, jour de Bacchus, loin des jeux égaré,
Seule, je la surpris au fond du bois sacré :
Le soleil et les vents, dans ces bocages sombres,
Des feuilles sur ses traits faisaient flotter les ombres;
Lascive, elle dormait sur le thyrse brisé;
Une molle sueur, sur son front épuisé,
Brillait comme la perle en gouttes transparentes,
Et ses mains, autour d'elle, et sous le lin errantes,
Touchant la coupe vide, et son sein tour à tour,
Redemandaient encore et Bacchus et l'Amour.

BATHYLLE.

Je vous adjure ici, Nymphes de la Sicile,
Dont les doigts, sous des fleurs, guident l'onde docile;
Vous reçûtes ses dons, alors que sous nos bois,
Rougissante, elle vint pour la première fois.

Ses bras blancs soutenaient sur sa tête inclinée
L'amphore, œuvre divine aux fêtes destinée,
Qu'emplit la molle poire, et le raisin doré,
Et la pêche au duvet de pourpre coloré :
Des pasteurs empressés l'attention jalouse
L'entourait, murmurant le nom sacré d'épouse;
Mais en vain, nul regard ne flatta leur ardeur;
Elle fut toute aux Dieux et toute à la pudeur.

Ici, je vis rouler la coupe aux flancs d'argile;
Le chêne ému tremblait, la flûte de Bathylle
Brilla d'un feu divin, la Dryade un moment
Joyeuse, fit entendre un doux frémissement,
Doux comme les échos dont la voix incertaine
Murmure la chanson d'une flûte lointaine.

SYMÉTHA.

SYMÉTHA.

« Navire aux larges flancs, de roses couronnés,
Aux Dieux d'ivoire, aux mâts de guirlandes ornés!
O qu'Éole, du moins, soit facile à tes voiles!
Montrez vos feux amis, fraternelles étoiles!
Jusqu'au port de Lesbos, guidez le nautonier,
Et de mes vœux, ce vœu montera le dernier :
Je vais mourir, hélas! Symétha s'est fiée
Aux flots profonds; l'Attique est par elle oubliée.
Insensée! elle fuit nos bords mélodieux,
Et les bois odorans, berceaux des demi-dieux,
Et les chœurs cadencés dans les molles prairies,
Et, sous les marbres frais, les saintes Théories.

6

Nous ne la verrons plus, au pied du Parthénon,
Invoquer Athénée, en répétant son nom;
Et, d'une main timide, à nos rites fidèle,
Ses longs cheveux dorés couronnés d'asphodèle,
Consacrer ou le voile, ou le vase d'argent,
Ou la pourpre attachée au fuseau diligent.
O vierge de Lesbos! que ton île abhorrée
S'engloutisse dans l'onde à jamais ignorée,
Avant que ton navire ait pu toucher ses bords!
Qu'y vas-tu faire? hélas! quel palais, quels trésors
Te vaudront notre amour! Vierge, qu'y vas-tu faire?
N'es-tu pas Lesbienne, à Lesbos étrangère?
Athène a vu long-temps s'accroître ta beauté;
Et depuis que trois fois t'éclaira son été,
Ton front s'est élevé jusqu'au front de ta mère;
Ici, loin des chagrins de ton enfance amère,
Les Muses t'ont souri. Les doux chants de ta voix
Sont nés Athéniens; c'est ici, sous nos bois,
Que l'amour t'enseigna le joug que tu m'imposes;
Pour toi, mon seuil joyeux s'est revêtu de roses.

Tu pars; et cependant m'as-tu toujours haï,
Symétha? Non, ton cœur quelquefois s'est trahi;
Car, lorsqu'un mot flatteur abordait ton oreille,
La pudeur souriait sur ta lèvre vermeille:
Je l'ai vu, ton sourire aussi beau que le jour;
Et l'heure du sourire est l'heure de l'amour.
Mais le flot sur le flot en mugissant s'élève,
Et voile à ma douleur le vaisseau qui t'enlève.
C'en est fait, et mes pieds déjà sont chez les morts;
Va, que Vénus, du moins, t'épargne les remords:
Lie un nouvel hymen! va, pour moi, je succombe;
Un jour, d'un pied ingrat, tu fouleras ma tombe,
Si le destin vengeur te ramène en ces lieux,
Ornés du monument de tes cruels adieux. »

Dans le port du Pyrée, un jour fut entendue
Cette plainte innocente, et cependant perdue;
Car la vierge enfantine, auprès des matelots,
Admirait, et la rame, et l'écume des flots;
Puis, sur la haute poupe accourue et couchée,
Saluait, dans la mer, son image penchée,

Et lui jetait des fleurs et des rameaux flottans,
Et riait de leur chute et les suivait long-temps;
Ou, tout à coup rêveuse, écoutait le Zéphyre
Qui, d'une aile invisible, avait ému sa lyre.

LE

SOMNAMBULE.

LE

SOMNAMBULE.

« Déjà, mon jeune époux? Quoi l'aube paraît-elle?
Non, la lumière au fond de l'albâtre étincelle
Blanche et pure, et suspend son jour mystérieux;
La nuit règne profonde et noire dans les Cieux.
Vois, la Clepsydre encor n'a pas versé trois heures;
Dors près de ta Néra, sous nos chastes demeures;
Viens, dors près de mon sein. » Mais lui, furtif et lent,
Descend du lit d'ivoire et d'or étincelant.
Il va d'un pied prudent chercher la lampe errante,
Dont il garde les feux dans sa main transparente,

Son corps blanc est sans voile, il marche pas à pas,
L'œil ouvert immobile en murmurant tout bas :

« — Je la vois la parjure...., interrompez vos fêtes,
Aux Manes un autel...., des cyprès sur vos têtes....
Ouvrez, ouvrez la tombe.... Allons.... qui descendra? »
Cependant à genoux et tremblante, Néra,
Ses blonds cheveux épars, se traîne. « — Arrête, écoute,
Arrête, ami; les Dieux te poursuivent, sans doute;
Au nom de la pitié tourne tes yeux sur moi:
Vois, c'est moi, ton épouse en larmes devant toi;
Mais tu fuis; par tes cris ma voix est étouffée!
Phœbé, pardonne-lui; pardonne-lui, Morphée. »

« — J'irai...., je frapperai...., le glaive est dans ma main,
Tous les deux.... Pollion.... c'est un jeune Romain....
Il ne résiste pas. Dieux! qu'il est faible encore!
D'un blond duvet, son front à peine se décore,
L'amour a couronné ce luxe éblouissant....
Écartez ce manteau, je ne vois pas le sang. »

Mais elle : « O mon amant ! compagnon de ma vie !
Des foyers maternels si ton char m'a ravie
Tremblante, mais complice, et si nos vœux sacrés
Ont fait luire à l'Hymen des feux prématurés,
Par cette sainte amour nouvellement jurée,
Par l'antique Vesta, par l'immortelle Rhée
Dont j'embrasse l'autel, jamais nulle autre ardeur
De mes pieux sermens n'altéra la candeur;
Non, jamais Pénélope à l'aiguille pudique,
Plus chaste n'a vécu sous la foi domestique.
Pollion, quel est-il? » — « Je tiens tes longs cheveux.....
Je dédaigne tes pleurs et tes tardifs aveux,
Corinne, tu mourras... » — « Ce n'est pas moi, ma mère,
Il ne m'a point aimée, ô ta sainte colère
A comme un Dieu vengeur poursuivi nos amours!
Que n'ai-je cru ma mère, et ses prudens discours!
Je ne détourne plus ta sacrilége épée;
Tiens, frappe, j'ai vécu, puisque tu m'as trompée.
.... Ah! cruel.... mon sang coule... Ah! reçois mes adieux;
Puisses-tu ne jamais t'éveiller! » — « Justes Dieux! »

POËMES

JUDAÏQUES.

LA FILLE DE JEPHTÉ.

> Et de là vient la coutume qui s'est toujours observée depuis en Israël,
> Que toutes les filles d'Israël s'assemblent une fois l'année, pour pleurer la fille de Jephté de Galaad, pendant quatre jours.
>
> (*Juges*, C. XI, V. 40.)

LA

FILLE DE JEPHTÉ.

VOILA ce qu'ont chanté les filles d'Israël,
Et leurs pleurs ont coulé sur l'herbe du Carmel :

Le fer de Galaad a ravagé vingt villes;
Abel, la flamme a lui sur tes vignes fertiles;
Aroër sous la cendre éteignit ses chansons,
Et Mennith s'est assise en pleurant ses moissons.

Tous les guerriers d'Ammon ont attristé leurs mères,
Et leurs veuves ont bu l'eau des larmes amères.
Israël est vainqueur, et par ses cris perçans
Reconnaît du Très-Haut les secours tout-puissans.

A l'hymne universel que le désert répète
Se mêle en longs éclats le son de la trompette,
Et l'armée, en marchant vers les tours de Maspha,
Leur raconte de loin que Jephté triompha.

Le peuple tout entier tressaille de la fête.
Mais le sombre vainqueur marche en baissant la tête;
Sourd à ce bruit de gloire, et seul, silencieux,
Tout à coup il s'arrête, il a fermé ses yeux.

Il a fermé ses yeux, car au loin, de la ville,
Les vierges, en chantant, d'un pas lent et tranquille
Venaient; il entrevoit le chœur religieux,
C'est pourquoi, plein de crainte, il a fermé ses yeux.

Il entend le concert qui s'approche et l'honore;
La harpe harmonieuse et le tambour sonore,
Et la lyre aux dix voix, et le Kinnor léger,
Et les sons argentins du Nebel étranger.

Puis, de plus près, les chants, leurs paroles pieuses,
Et les pas mesurés en des danses joyeuses,
Et, par des bruits flatteurs, les mains frappant les mains,
Et de rameaux fleuris parfumant les chemins.

Ses genoux ont tremblé sous le poids de ses armes;
Sa paupière s'entrouvre à ses premières larmes:
C'est que, parmi les voix, le père a reconnu
La voix la plus aimée à ce chant ingénu:

« O vierges d'Israël, ma couronne s'apprête
« La première à parer les cheveux de sa tête;
« C'est mon père, et jamais un autre enfant que moi
« N'augmenta la famille heureuse sous sa loi. »

Et ses bras à Jephté donnés avec tendresse,
Suspendant à son cou leur pieuse caresse :
« Mon père, embrassez-moi ! d'où naissent vos retards?
« Je ne vois que vos pleurs et non pas vos regards.

« Je n'ai point oublié l'encens du sacrifice :
« J'offrais pour vous hier la naissante génisse ;
« Qui peut vous affliger? le Seigneur n'a-t-il pas
« Renversé les cités au seul bruit de vos pas? »

« C'est vous hélas! c'est vous, ma fille bien-aimée?
Dit le père en rouvrant sa paupière enflammée ;
« Faut-il que ce soit vous? ô douleurs des douleurs!
« Que vos embrassemens feront couler de pleurs!

« Seigneur, vous êtes bien le Dieu de la vengeance,
« En échange du crime il vous faut l'innocence.
« C'est la vapeur du sang qui plaît au Dieu jaloux!
« Je lui dois une hostie, ô ma fille! et c'est vous! »

« Moi? dit-elle. Et ses yeux se remplirent de larmes.
Elle était jeune et belle, et la vie a des charmes.
Puis elle répondit : « O si votre serment
« Dispose de mes jours, permettez seulement

« Qu'emmenant avec moi les vierges mes compagnes,
« J'aille, deux mois entiers, sur le haut des montagnes,
« Pour la dernière fois errante en liberté,
« Pleurer sur ma jeunesse et ma virginité!

« Car je n'aurai jamais de mes mains orgueilleuses
« Purifié mon fils sous les eaux merveilleuses;
« Vous n'aurez pas béni sa venue, et mes pleurs
« Et mes chants n'auront pas endormi ses douleurs;

« Et, le jour de ma mort, nulle vierge jalouse
« Ne viendra demander de qui je fus l'épouse,
« Quel guerrier prend pour moi le cilice et le deuil:
« Et seul vous pleurerez autour de mon cercueil. »

Après ces mots, l'armée assise tout entière
Pleurait, et sur son front répandait la poussière.
Jephté sous un manteau tenait ses pleurs voilés;
Mais, parmi les sanglots, on entendit : « Allez. »

Elle inclina la tête et partit. Ses compagnes,
Comme nous la pleurons, pleuraient sur les montagnes.
Puis elle vint s'offrir au couteau paternel.
Voilà ce qu'ont chanté les filles d'Israël.

LE BAIN.

FRAGMENT D'UN POËME DE SUZANNE.

LE BAIN.

. . . .

. . . .

C'était près d'une source à l'onde pure et sombre.
Le large sycomore y répandait son ombre :
Là, Suzanne, cachée aux cieux déjà brûlans,
Suspend sa rêverie et ses pas indolens;
Sur une jeune enfant, que son amour protége,
S'appuie, et sa voix douce appelle le cortége
Des filles de Juda, de Gad et de Ruben,
Qui doivent la servir et la descendre au bain;
Et toutes à l'envi, rivales attentives,
Détachent sa parure entre leurs mains actives.

L'une ôte la tiare où brille le saphir
Dans l'éclat arrondi de l'or poli d'Ophir;
Aux cheveux parfumés dérobe leurs longs voiles,
Et la gaze brodée en tremblantes étoiles;
La perle, sur son front enlacée en bandeau,
Ou pendante à l'oreille en mobile fardeau;
Les colliers de rubis, et, par des bandelettes,
L'ambre au cou suspendu dans l'or des cassolettes.
L'autre fait succéder les tapis préparés
Aux cothurnes étroits dont ses pieds sont parés;
Et, puisant l'eau du bain, d'avance elle en arrose
Leurs doigts encore empreints de santal et de rose.
Puis, tandis que Suzanne enlève lentement
Les anneaux de ses mains, son plus cher ornement,
Libres des nœuds dorés dont sa poitrine est ceinte,
Dégagés des lacets, le manteau d'Hyacinte,
Et le lin pur et blanc comme la fleur du lis,
Jusqu'à ses chastes pieds laissent couler leurs plis.
Qu'elle fut belle alors! Une rougeur errante
Anima de son teint la blancheur transparente;
Car, sous l'arbre où du jour vient s'éteindre l'ardeur,
Un œil accoutumé blesse encor sa pudeur;

Mais, soutenue enfin par une esclave noire,
Dans un cristal liquide on croirait que l'ivoire
Se plonge, quand son corps, sous l'eau même éclairé,
Du ruisseau pur et frais touche le fond doré.

LA

FEMME ADULTÈRE.

Qu'un tourbillon ténébreux règne dans cette nuit; qu'elle ne soit pas comptée dans les jours de l'année!
Que cette nuit soit dans une affreuse solitude, et que les cantiques de joie ne s'y fassent point entendre!
Que les étoiles de son crépuscule se voilent de ténèbres! Qu'elle attende la lumière, et qu'il n'en vienne point! et qu'elle ne voie pas les paupières de l'Aurore! (*Job.*)

LA

FEMME ADULTÈRE.

« Mon lit est parfumé d'aloës et de myrrhe,.
« L'odorant cinnamome et le nard de Palmyre
« Ont chez moi de l'Égypte embaumé les tapis.
« J'ai placé sur mon front et l'or et le lapis;
« Venez, mon bien-aimé, m'enivrer de délices
« Jusqu'à l'heure où le jour appelle aux sacrifices:
« Aujourd'hui que l'époux n'est plus dans la cité,
« Au nocturne bonheur soyez donc invité,

« Il est allé bien loin. » C'était ainsi, dans l'ombre,
Sur les toits aplanis, et sous l'oranger sombre
Qu'une femme parlait, et son bras abaissé
Montrait la porte étroite à l'amant empressé.
Il a franchi le seuil où le cèdre s'entrouvre
Et qu'un verrou secret rapidement recouvre ;
Puis ces mots ont frappé le cyprès des lambris :
« Voilà ces yeux si purs, dont mes yeux sont épris !
« Votre front est semblable au lis de la vallée,
« De vos lèvres toujours la rose est exhalée ;
« Que votre voix est douce, et douces vos amours !
« O quittez ces colliers et ces brillans atours !
« — Non, ma main veut tarir cette humide rosée
« Que l'air sur vos cheveux a long-tems déposée :
« C'est pour moi que ce front s'est glacé sous la nuit !
« — Mais ce cœur est brûlant et l'amour l'a conduit !
« Me voici devant vous, ô belle entre les belles !
« Qu'importent les dangers ? Que sont les nuits cruelles,
« Quand du palmier d'amour le fruit va se cueillir,
« Quand sous mes doigts tremblans je le sens tressaillir ?
« — Oui.... mais d'où vient ce cri, puis ces pas sur la pierre ?
« — C'est un des fils d'Aaron qui sonne la prière.

« Eh! quoi! vous pâlissez! Que le feu du baiser
« Consume nos amours qu'il peut seul apaiser;
« Qu'il vienne remplacer cette crainte farouche
« Et fermer au refus la pourpre de ta bouche!.... »
On n'entendit plus rien, et les feux abrégés
Dans les lampes d'airain moururent négligés.

Quand le soleil levant embrasa la campagne
Et les verts oliviers de la sainte montagne,
A cette heure paisible où les chameaux poudreux
Apportent du désert leur tribut aux Hébreux;
Tandis que de sa tente, ouvrant la blanche toile,
Le pasteur, qui de l'aube a vu pâlir l'étoile,
Appelle sa famille au lever solennel,
Et salue, en ses chants, le jour et l'éternel,
Le séducteur, content du succès de son crime,
Fuit l'ennui des plaisirs et sa jeune victime.
Seule, elle reste assise, et son front sans couleur
De l'immortel remords a déjà la pâleur;

Elle veut retenir cette nuit, sa complice,
Et la première aurore est son premier supplice :
C'est alors qu'elle vit et la faute et le lieu,
S'étonna d'elle-même et douta de son Dieu ;
Une terne blancheur, comme un voile épaissie,
Entoura tristement sa prunelle obscurcie,
Et semblable à la mort, seulement quelques pleurs
Montraient encor sa vie en montrant ses douleurs.
Telle Sodome a vu cette femme imprudente
Frappée au jour où Dieu versa la pluie ardente,
Et brûlant d'un seul feu deux peuples détestés,
Éteignit leurs palais dans des flots empestés ;
Elle voulut, bravant la céleste défense,
Voir une fois encor les lieux de son enfance,
Ou peut-être, écoutant un cœur ambitieux,
Surprendre d'un regard le grand secret des Cieux ;
Mais son pied tout à coup, à la fuite inhabile,
Se fixe : elle pâlit sous un sel immobile,
Et le juste vieillard, en marchant vers Segor,
N'entendit plus ses pas qu'il écoutait encor.

Tel est le front glacé de la Juive infidèle.
Mais quel est cet enfant qui paraît auprès d'elle ?
Il voit des pleurs, il pleure, et d'un geste incertain
Demande, comme hier, le baiser du matin.
Sur ses pieds chancelans il s'avance, et timide,
De sa mère ose enfin presser la joue humide :
Qu'un baiser serait doux ! Elle veut l'essayer ;
Mais l'époux, dans le fils, la revient effrayer,
Devant ce lit, ces murs et ces voûtes sacrées
Du secret conjugal encore pénétrées,
Où vient de retentir un amour criminel ;
Hélas ! elle rougit de l'amour maternel,
Et tremble de poser, dans cette chambre austère,
Sur une bouche pure, une lèvre adultère.
Elle voulut parler, mais les sons en sa voix,
Sourds et demi-formés, moururent à la fois,
Et sa parole, éteinte et vaine, fut suivie
D'un soupir qui sembla le dernier de sa vie.
Elle repousse alors son enfant étonné,
S'arrache avec fureur au lit empoisonné,
Court vers le seuil, l'entr'ouvre, et là tombe abattue,
Telle que de sa base une blanche statue.

Or, l'époux revenait, en se réjouissant
Jusqu'au fond de son cœur. Le lin éblouissant
Recouvrait des fardeaux, fruits de son opulence ;
Guidés nonchalamment par le fer d'une lance,
Fléchissaient, sous ces dons, et l'onagre rayé
Et l'indolent chameau, par son guide effrayé,
Et douze serviteurs suivant l'étroite voie,
Courbaient leurs fronts brûlés sous la pourpre et la soie ;
Et le maître disait : « Maintenant Sephora
« Cherche dans l'horizon si l'époux reviendra ;
« Elle pleure ; elle dit : Il est bien loin encore !
« Des feux du jour pourtant le désert se colore,
« Et son amour peut-être invente mon trépas !
« Mais elle va courir au-devant de mes pas,
« Et je dirai : Tenez, livrez-vous à la joie !
« Ces présens sont pour vous, et la pourpre et la soie
« Et les moelleux tapis, et l'ambre précieux
« Et l'acier des miroirs que souhaitaient vos yeux.
« Mais quelle est cette femme étendue à la porte ?.....
« Dieu de Jacob ! c'est elle ; accourez : elle est morte ! »
Il dit ; les serviteurs s'empressent. Sur son cœur
Il l'enlève en ses bras ; sa voix, avec douceur,

L'invite à la lumière, et, par une eau glacée,
Veut voir de son beau front la pâleur effacée.
Mais son fils, d'une épouse ignorant le danger,
L'appelle, et dans ses pleurs accuse l'étranger.
« L'étranger ! quel est-il ? Parcourons la demeure,
« Dit le maître irrité : que cet assassin meure ! »
Des suivantes alors, le cortége appelé
Se tait ; mais le désordre et leur trouble ont parlé.
Il revient, arrachant ses cheveux et sa robe ;
Sous la cendre du deuil sa honte se dérobe ;
Ses pieds sont nus ; il dit : « Malheur ! malheur à vous !
« Venez, femme, à l'autel rassurer votre époux,
« Ou, par le Dieu vivant, qui déjà vous contemple !..... »
Elle dit, en tremblant : « Seigneur, allons au temple. »

On marche. De l'époux les amis empressés
L'entourent tristement, et tous, les yeux baissés,
Se disaient : « Nous verrons si, dans la grande épreuve,
« Sa bouche de l'eau sainte impunément s'abreuve. »

On arrive en silence au pied des hauts degrés
Où s'élève un autel *. Couvert d'habits sacrés,
Et croisant ses deux bras sur sa poitrine sainte,
Le prêtre monte seul dans la pieuse enceinte.
La poussière de l'orge, holocauste jaloux **,
Est, d'une main tremblante, offerte par l'époux.
Le pontife la jette à la femme interdite;
Lui découvre la tête; et tenant l'eau maudite :
« Si l'étranger, jamais n'a su vous approcher,
« Que l'eau, qui de ce vase en vous va s'épancher,
« Devienne d'heureux jours une source féconde;
« Mais si, l'horreur du peuple et le mépris du monde,
« Par un profane amour votre cœur s'est souillé,
« Que, flétri par ces eaux, votre front dépouillé,
« Porte de son péché l'abominable signe,
« Et que, juste instrument d'une vengeance insigne,
« Leur poison poursuivant l'adultère larcin,
« En dévore le fruit jusque dans votre sein. »

* L'autel des holocaustes. Le peuple ne pouvait pas entrer dans le temple; il restait dans une cour où était cet autel.
(*Mœurs des Isr.* Chap. XX.)

** *Voyez* les Nombres, Chap. V, V. 15, 16, etc.

Il dit, écrit ces mots, les consume, et leur cendre
Paraît, avec la mort, au fond des eaux descendre ;
Puis, il offre la coupe : un bras mal assuré
La reçoit ; on se tait : « Par ce vase épuré,
« Dit l'épouse, mon cœur...... » De poursuivre incapable.
« Grâce ! dit-elle enfin ; grâce ! je suis coupable ! »
La foule la saisit. Son époux furieux
S'éloigne avec les siens, en détournant les yeux,
Et du sang de l'amant sa colère altérée,
Laisse au peuple vengeur l'adultère livrée.

Tout Juda, cependant, aux fêtes introduit,
Vers le temple, en courant, se pressait à grand bruit.
Les vieillards, les enfans, les femmes affligées
Dans les longs repentirs et les larmes plongées,
Et celles que frappait un mal secret et lent,
Et l'aveugle aux longs cris, et le boîteux tremblant,
Et le lépreux impur, le dégoût de la terre,
Tous, de leurs maux guéris racontant le mystère,

Aux pieds de leur Sauveur l'adoraient prosternés.
Lui, né dans les douleurs, roi des infortunés,
D'une féconde main prodiguait les miracles,
Et de sa voix sortait une source d'oracles.
De la vie, avec l'homme, il partageait l'ennui,
Venait trouver le pauvre et s'égalait à lui.
Quelques hommes, formés à sa divine école,
Nés simples et grossiers, mais forts de sa parole,
Le suivaient lentement, et son front sérieux
Portait les feux divins en bandeau glorieux.

Par ses cheveux épars une femme entraînée,
Qu'entoure avec clameurs la foule déchaînée,
Paraît : ses yeux brûlans au Ciel sont dirigés;
Ses yeux, car de longs fers ses bras nus sont chargés.
Devant le fils de l'homme on l'amène en tumulte ;
Puis, provoquant l'erreur et méditant l'insulte,
Les Scribes assemblés s'avancent; et l'un d'eux :
« Maître, dit-il, jugez de ce péché hideux :

« Cette femme adultère est coupable et surprise;
« Que doit faire Israël de la loi de Moïse? »
Et l'épouse infidèle attendait, et ses yeux
Semblaient chercher encor quelqu'autre dans ces lieux.
Et, la pierre à la main, la foule sanguinaire
S'appelait, la montrait : « C'est la femme adultère!
« Lapidez-la : déjà le séducteur est mort! »
Et la femme pleura. — Mais le juge d'abord :
« Qu'un homme d'entre vous, dit-il, jette une pierre
« S'il se croit sans péché, qu'il jette la première. »
Il dit, et s'écartant des mobiles Hébreux,
Apaisés par ces mots, et déjà moins nombreux,
Son doigt mystérieux, sur l'arène légère,
Écrivait une langue, aux hommes étrangère,
En caractères saints dans le Ciel retracés.....
Quand il se releva tous s'étaient dispersés.

POËMES

MODERNES.

LA PRISON.

C'est dans la tombe qu'on est à couvert du bruit qu'excitent les impies.
C'est là que ceux qui étaient enchaînés ne souffrent plus, et qu'ils n'entendent plus la voix de l'exacteur.

(*Job.*)

LA PRISON.

« O ne vous jouez plus d'un vieillard et d'un prêtre !
« Passager dans ces lieux, comment les reconnaître?
« Depuis une heure au moins cet importun bandeau
« Presse mes yeux souffrans de son épais fardeau.
« Soin stérile et cruel ! car de ces édifices
« Ils n'ont jamais tenté les sombres artifices.
« Soldats ! vous outragez le ministre et le Dieu,
« Dieu même que mes mains apportent dans ce lieu. »
Il parle; mais en vain sa crainte les prononce :
Ces mots et d'autres cris se taisent sans réponse.
On l'entraîne toujours en des détours savans:
Tantôt craque à ses pieds le bois des ponts mouvans;

Tantôt sa voix s'éteint à de courts intervalles,
Tantôt fait retentir l'écho des vastes salles;
D'un escalier rapide on avertit ses pas :
Il monte à la prison que lui seul ne voit pas;
Et les bras étendus, le vieux prêtre timide
D'un mur qui le conduit tâte l'obstacle humide.
On s'arrête; il entend le bruit des pieds mourir,
Sous de bruyantes clefs une porte s'ouvrir.
Il descend quelques pas sur la pierre glissante;
Et, privé du secours de sa vue impuissante,
La chaleur l'avertit qu'on éclaire ces lieux;
Enfin, de leur bandeau l'on délivre ses yeux.
Dans un étroit cachot dont les torches funèbres
Ont peine à dissiper les épaisses ténèbres,
Un vieillard expirant attendait ses secours.
Du moins ce fut ainsi qu'en un brusque discours
Ses sombres conducteurs le lui firent entendre.
Un instant, en silence, on le pria d'attendre.
« Mon Prince, dit quelqu'un, le saint homme est venu.
« — Eh! que m'importe à moi! » soupira l'inconnu.
Cependant vers le lit que deux lourdes tentures
Voilent du luxe ancien de leurs pâles peintures,

Le prêtre s'avança lentement, et, sans voir
Le malade caché, se mit à son devoir.

LE PRÊTRE.

Écoutez-moi, mon fils.

LE OURANT.

Hélas! malgré ma haine,
J'écoute votre voix, c'est une voix humaine :
J'étais né pour l'entendre, et je ne sais pourquoi
Ceux qui m'ont fait du mal ont tant d'attraits pour moi.
Jamais je ne connus cette rare parole
Qu'on appelle amitié, qui, dit-on, vous console;
Et les chants maternels qui charment vos berceaux,
N'ont jamais résonné sous mes tristes arceaux;
Et pourtant, lorsqu'un mot m'arriva moins sévère,
Il ne fut pas perdu pour mon cœur solitaire.
Mais puisque vous m'aimez, ô vieillard inconnu!
Dites, pourquoi déjà n'êtes-vous pas venu?

Vous m'appelez mon fils? Si vous étiez mon père,
Vos pas seraient tardifs en ces lieux. Et ma mère
Ne viendra-t-elle pas me regarder mourir?
Aujourd'hui que leur fils va cesser de souffrir,
Qu'ils viennent tous les deux voir ma reconnaissance.
Mais ne les a-t-on pas punis de ma naissance?
Ils ont dû l'expier, car, devant votre loi,
Si je suis criminel ils le sont plus que moi.

LE PRÊTRE.

O qui que vous soyez! vous que tant de mystère
Avant le temps prescrit sépara de la terre,
Vous n'aurez plus de fers dans l'asile des morts;
Si vous avez failli, rappelez les remords,
Versez-les dans le sein du Dieu qui vous écoute,
Ma main du repentir vous montrera la route;
Entrevoyez le Ciel par vos maux acheté:
Je suis prêtre, et vous porte ici la liberté.
De la confession j'accomplis l'œuvre sainte,
Le tribunal divin siége dans cette enceinte.

Répondez, le pardon déjà vous est offert,
Dieu même.....

LE MOURANT.

Il est un Dieu! j'ai pourtant bien souffert!

LE PRÊTRE.

Vous avez moins souffert qu'il ne l'a fait lui-même.
Votre dernier soupir sera-t-il un blasphème?
Et quel droit avez-vous de plaindre vos malheurs,
Lorsque le sang du Christ tomba dans les douleurs?
O mon fils! c'est pour nous, tout ingrats que nous sommes,
Qu'il a daigné descendre aux misères des hommes.
A la vie, en son nom, dites un mâle adieu.

LE MOURANT.

J'étais peut-être roi.

LE PRÊTRE.

Le Sauveur était Dieu;
Mais, sans nous élever jusqu'à ce divin Maître;
Si j'osais après lui nommer encor le prêtre,
Je vous dirais : Et moi, pour combattre l'enfer,
J'ai resserré mon sein dans un corset de fer;
Mon corps a revêtu l'inflexible cilice
Où chacun de mes pas trouve un nouveau supplice.
Au cloître est un pavé que, durant quarante ans,
Ont usé, dans les pleurs, mes genoux pénitens,
Et c'est encor trop peu que de tant de souffrance
Pour acheter du Ciel l'ineffable espérance.
Au creuset douloureux tout notre être épuré
S'envole en bienheureux vers le séjour sacré.
Le temps nous presse : au nom de vos douleurs passées,
Par des larmes montrez vos fautes effacées;
Et devant cette Croix, où Dieu monta pour nous,
Souhaitez comme moi de tomber à genoux.
Sur le front du vieux moine une rougeur légère
Fit renaître une ardeur à son âge étrangère;

Ses yeux gonflés de pleurs, fixés avidement,
Au chevet du captif il tomba pesamment,
Et ses mains présentaient le crucifix d'ébène,
Et tremblaient en l'offrant, et le tenaient à peine.
Pour le cœur du Chrétien demandant des remords,
Il murmurait tout bas la prière des morts,
Et sur le lit, sa tête avec douleur penchée,
Cherchait du prisonnier la figure cachée.
Un flambeau la révèle entière : ce n'est pas
Un front décoloré par un prochain trépas,
Ce n'est pas l'agonie et son dernier ravage,
Ce qu'il voit est sans traits, et sans vie, et sans âge:
Un fantôme immobile à ses yeux est offert,
Et les feux ont relui sur un masque de fer.

Plein d'horreur, à l'aspect de ce sombre mystère,
Le prêtre se souvint que, dans le monastère,
Une fois, en tremblant, on se parla tout bas
D'un prisonnier d'État que l'on ne nommait pas;

Qu'on racontait de lui des choses merveilleuses,
De berceau dérobé, de craintes orgueilleuses,
De royale naissance, et de droits arrachés,
Et de ses jours captifs sous un masque cachés.
Quelques pères disaient qu'à sa descente en France,
De secouer ses fers il conçut l'espérance;
Qu'aux geôliers un instant il s'était dérobé,
Et quoiqu'entre leurs mains aisément retombé,
L'on avait vu ses traits, et qu'une Provençale,
Arrivée au couvent de Saint-François-de-Sale
Pour y prendre le voile, avait dit, en pleurant,
Qu'elle prenait la Vierge et son fils pour garant
Que le Masque de fer n'avait point fait de crime,
Et que son jugement était illégitime;
Qu'il tenait des discours pleins de grâce et de foi,
Qu'il était jeune et beau, qu'il ressemblait au roi,
Que de vertus c'était un céleste mélange,
Et que c'était un prince, ou que c'était un ange.
Il se souvint encor qu'un vieux Bénédictin
S'étant acheminé vers la tour, un matin,
Pour rendre un vase d'or tombé sur son passage,
N'était pas revenu de ce triste voyage:

Sur quoi l'abbé du lieu pour toujours défendit
Les entretiens touchant le prisonnier maudit :
« Cet homme de l'enfer était une imposture;
« Le Ciel avait puni la coupable lecture
« Des mystères gravés sur le vase indiscret. »
Le temps fit oublier ce dangereux secret.

Le prêtre regardait le malheureux célèbre;
Mais ce cachot, tout plein d'un appareil funèbre,
Et cette mort voilée, et ces longs cheveux blancs
Nés captifs et jetés sur des membres tremblans,
L'arrêtèrent long-temps en un sombre silence.
Il va parler, enfin; mais, tandis qu'il balance,
L'agonisant du lit se soulève et lui dit :
Vieillard, vous abaissez votre front interdit,
Je n'entends plus le bruit de vos conseils frivoles,
L'aspect de mon malheur fait taire vos paroles.
Oui, regardez-moi bien, et puis dites après
Qu'un Dieu de l'innocent défend les intérêts;

Des péchés tant proscrits où toujours l'on succombe,
Aucun n'a séparé mon berceau de ma tombe,
Quand les vivans au jour montraient des attentats,
Mon enfance au cachot ne les soupçonnait pas.
Du récit de mes maux vous êtes bien avide :
Pourquoi venir fouiller dans ma mémoire vide,
Où stérile de jours le temps dort effacé ?
Je n'eus point d'avenir et n'ai point de passé ;
J'ai tenté d'en avoir, et long-temps mes journées
Ont tracé sur les murs mes lugubres années ;
Mais je ne pus les suivre en leurs douloureux cours :
Les murs étaient remplis et je vivais toujours.
Tout me devint alors obscurité profonde ;
Je n'étais rien pour lui, qu'était pour moi le monde ?
Que m'importaient des temps où je ne comptais pas
L'heure que j'invoquais : c'est l'heure du trépas.
Écoutez, écoutez : quand je tiendrais la vie
De l'homme qui toujours tint la mienne asservie,
J'hésiterais, je crois, à le frapper des maux
Qui rongèrent mes jours, brûlèrent mon repos ;
Quand le règne inconnu d'une impuissante ivresse
Saisit mon cœur oisif d'une vague tendresse,

J'appelais le bonheur, et ces êtres amis
Qu'à mon âge brûlant un songe avait promis.
Mes larmes ont rouillé mon masque de torture,
J'arrosais de mes pleurs ma noire nourriture,
Je déchirais mon sein par mes gémissemens,
J'effrayais mes geôliers de mes longs hurlemens;
Des nuits, par mes soupirs, je mesurais l'espace;
Aux hiboux des créneaux je disputais leur place,
Et, pendant aux barreaux où s'arrêtaient mes pas,
Je vivais hors des murs d'où je ne sortais pas.
Ici tomba sa voix. Comme après le tonnerre
De tristes sons encore épouvantent la terre
Et, dans l'antre sauvage où l'effroi l'a placé,
Retiennent, en grondant, le voyageur glacé,
Long-temps on entendit ses larmes retenues
Suivre encore une fois des routes bien connues;
Les sanglots murmuraient dans ce cœur expirant.
Le vieux prêtre toujours priait en soupirant,
Lorsqu'un des noirs geôliers se pencha pour lui dire
Qu'il fallait se hâter, qu'il craignait le délire.
Un nouveau zèle alors ralluma ses discours:
« O mon fils! criait-il, votre vie eut son cours,

« Heureux, trois fois heureux celui que Dieu corrige!
« Gardons de repousser les peines qu'il inflige:
« Voici l'heure où vos maux vous seront précieux;
« Il vous a préparé lui-même pour les Cieux.
« Oubliez votre corps, ne pensez qu'à votre âme;
« Dieu lui-même l'a dit : L'homme né de la femme *
« Ne vit que peu de temps, et c'est dans les douleurs.
« Ce monde n'est que vide et ne vaut pas des pleurs.
« Qu'aisément de ses biens notre âme est assouvie!
« Me voilà, comme vous, au bout de cette vie :
« J'ai passé bien des jours, et ma mémoire en deuil
« De leur peu de bonheur n'est plus que le cercueil.
« C'est à moi d'envier votre longue souffrance,
« Qui d'un monde plus beau vous donne l'espérance;
« Les anges à vos pas ouvriront le saint lieu :
« Pourvu que vous disiez un mot à votre Dieu,
« Il sera satisfait. » Ainsi, dans sa parole,
Mêlant les saints propos du livre qui console,
Le vieux prêtre engageait le mourant à prier,
Mais en vain : tout à coup on l'entendit crier,

* *Job.* Chap. XIV, V. 1.

D'une voix qu'animait la fièvre du délire,
Ces rêves du passé : Mais enfin je respire.
O bords de la Provence! ô lointain horizon!
Sable jaune où des eaux murmure le doux son!
Ma prison s'est ouverte : ô que la mer est grande!
Est-il vrai qu'un vaisseau jusque là-bas se rende?
Dieu! qu'on doit être heureux parmi les matelots!
Que je voudrais nager dans la fraîcheur des flots!
La terre vient, les pieds à marcher se disposent,
Les mâts baissent leurs bras, les voiles s'y reposent.
Ah! j'ai fui les soldats; en vain ils m'ont cherché,
Je suis libre, je cours, le masque est arraché;
De l'air dans mes cheveux j'ai senti le passage,
Et le soleil un jour éclaira mon visage.
O pourquoi fuyez-vous? restez sur vos gazons,
Vierges! continuez vos pas et vos chansons:
Pourquoi vous retirer aux cabanes prochaines?
Le monde autant que moi déteste donc les chaînes?
Une seule s'arrête et m'attend sans terreur:
Quoi! du Masque de fer elle n'a pas horreur?
Non, j'ai vu les beautés de sa démarche, et celles
Qui venaient de ses yeux en vives étincelles.

Soldats! que voulez-vous? encor ce masque froid?
Que vous ai-je donc fait? Le soleil est à moi,
Il ranime ma vie. O voyez-la! c'est elle
Avec qui je veux vivre, elle est là qui m'appelle;
Je ne fais pas le mal; allez, dites au Roi
Qu'aucun homme jamais ne se plaindra de moi;
Que je serai content si, près de ma compagne,
Je puis mener nos jours de montagne en montagne,
Sans jamais arrêter nos loisirs voyageurs;
Que je ne chercherai ni parens ni vengeurs;
Et si l'on me demande où j'ai passé ma vie,
Je saurai déguiser ma liberté ravie;
J'inventerai des jours où je vous cacherai:
Ah! laissez-moi le Ciel, je vous pardonnerai.
Non...., toujours des cachots.... Je suis né votre proie....
Mais je vois mon tombeau, je suis ravi de joie,
Car vous ne m'aurez plus, et je n'entendrai plus
Les verroux se fermer sur l'éternel reclus.
Que me veux donc cet homme avec sa robe sombre?
De quelque prisonnier sans doute que c'est l'ombre;
Il pleure. Ah! malheureux! est-ce ta liberté?

LE PRÊTRE.

Non, mon fils, c'est sur vous; voici l'éternité.

LE MOURANT.

O moi! je n'en veux pas, j'y trouverais des chaînes.

LE PRÊTRE.

Non, vous n'y trouverez que des faveurs prochaines.
Un mot de repentir, un mot de votre foi,
Le Seigneur vous pardonne.

LE MOURANT.

O prêtre! laissez-moi!

LE PRÊTRE.

Dites: Je crois en Dieu. La mort vous est ravie.

LE MOURANT.

Laissez en paix ma mort, on y laissa ma vie.
Et d'un dernier effort l'esclave délirant,
Au mur de la prison brise son bras mourant.
« Mon Dieu! venez vous-même au secours de cette âme! »
Dit le prêtre, animé d'une pieuse flamme.
Au fond d'un vase d'or, ses doigts saints ont cherché
Le pain mystérieux où Dieu même est caché;
Tout se prosterne alors en un morne silence,
La clarté d'un flambeau sur le lit se balance;
Le chevet sur deux bras s'avance supporté,
Mais en vain : le captif était en liberté.

Resté seul au cachot, durant la nuit entière,
Le vieux religieux récita la prière;
Auprès du lit funèbre il fut toujours assis.
Quelques larmes, souvent, de ses yeux obscurcis,

Interrompant sa voix, tombaient sur le saint livre;
Et, lorsque la douleur l'empêchait de poursuivre,
Sa main jetait alors l'eau du rameau béni
Sur celui qui du Ciel peut-être était banni.
Et puis, sans se lasser, il reprenait encore
De sa voix qui tremblait dans la prison sonore,
Le dernier chant de paix; il disait : « O Seigneur! *
« Ne brisez pas mon âme avec votre fureur;
« Ne m'enveloppez pas dans la mort de l'impie. » **
Il ajoutait aussi : « Quand le méchant m'épie,
« Me ferez-vous tomber, Seigneur, entre ses mains? ***
« C'est lui qui sous mes pas a rompu vos chemins;
« Ne me châtiez point, car mon crime est son crime.
« J'ai crié vers le Ciel du plus profond abîme. ****
« O mon Dieu! tirez-moi du milieu des méchans! »
Lorsqu'un rayon du jour eut mis fin à ses chants,
Il entendit monter vers les noires retraites,
Et des voix résonner dans ces voûtes secrètes.

* *Pseaume* XXXVII, V. 1.
** *Pseaume* XXVII, V. 5.
*** *Pseaume* XXXVI, V. 32.
**** *De Profondis*....

Un moment lui restait, il eût voulu du moins
Voir le mort qu'il pleurait, sans ces cruels témoins;
Il s'approche, en tremblant, de ce fils du mystère
Qui vivait et mourait étranger à la terre;
Mais le Masque de fer soulevait le linceuil,
Et la captivité le suivit au cercueil.

LE BAL.

LE BAL.

La harpe tremble encore et la flûte soupire,
Car la Walse bondit dans son sphérique empire;
Des couples passagers éblouissent les yeux,
Volent entrelacés en cercle gracieux,
Suspendent des repos balancés en mesure,
Aux reflets d'une glace admirent leur parure,
Repartent; puis, troublés par leur groupe riant,
Dans leurs tours moins adroits se heurtent en criant,
Et la vierge, enivrée aux transports de la fête,
Sème et foule en passant les bouquets de sa tête.
Mais, dans les airs émus, la musique a cessé:
La danseuse est assise en un cercle pressé;

Tout se tait. Et pourquoi, graves, mais ingénues,
Ces trois jeunes beautés vers un homme venues?
Cette douleur secrète, errante dans ses yeux
N'a pas déconcerté l'abord mystérieux;
Elles ont supplié; puis, s'aidant d'un sourire,
Elles ont dit : « Les vers ont sur nous tant d'empire!
« Ils manquaient à la fête, et le bal les attend. »
Le sujet est donné, c'est la danse; on entend :

Courez, jeunes beautés, formez la double danse :
Entendez-vous l'archet du bal joyeux,
Jeunes beautés? Bientôt la légère cadence
Toutes va, tout à coup, vous mêler à mes yeux.

Dansez, et couronnez de fleurs vos fronts d'albâtre;
Liez au blanc muguet l'hyacinthe bleuâtre,

Et que vos pas moelleux, délices de l'amant,
Sur le chêne poli glissent légèrement;
Dansez, car dès demain vos mères exigeantes
A vos jeunes travaux vous diront négligentes;
L'aiguille détestée aura fui de vos doigts,
Ou, de la mélodie interrompant les lois,
Sur l'instrument mobile, harmonieux ivoire,
Vos mains auront perdu la touche blanche et noire;
Demain, sous l'humble habit du jour laborieux,
Un livre, sans plaisir, fatiguera vos yeux...;
Ils chercheront en vain, sur la feuille indocile,
De ses simples discours le sens clair et facile;
Loin du papier noirci, votre esprit égaré,
Partant, seul et léger, vers le bal adoré,
Laissera de vos yeux l'indécise prunelle
Recommencer vingt fois une page éternelle.
Prolongez, s'il se peut, ô prolongez la nuit
Qui d'un pas diligent plus que vos pas s'enfuit!

Le signal est donné, l'archet frémit encore :
Élancez-vous, liez ces pas nouveaux
Que l'Anglais inventa, nœuds chers à Terpsichore,
Qui d'une molle chaîne imitent les anneaux.

Dansez ; un soir encore usez de votre vie :
L'étincelante nuit d'un long jour est suivie ;
A l'orchestre brillant le silence fatal
Succède, et les dégoûts aux doux propos du bal.
Ah! reculez le jour, où, surveillantes mères,
Vous saurez du berceau les angoisses amères:
Car, dès que de l'enfant le cri s'est élevé,
Adieu plaisir, long voile à demi-relevé,
Et parure éclatante, et beaux joyaux des fêtes ;
Et le soir, en passant, les riantes conquêtes,
Sous les ormes, le soir, aux heures de l'amour,
Quand les feux suspendus ont rallumé le jour.
Mais, aux yeux maternels, les veilles inquiètes
Ne manquèrent jamais, ni les peines muettes

Que dédaigne l'époux, que l'enfant méconnaît,
Et dont le souvenir dans les songes renaît.
Ainsi, toute au berceau qui la tient asservie,
La mère avec ses pleurs voit s'écouler sa vie.
Rappelez les plaisirs, ils fuiront votre voix,
Et leurs chaînes de fleurs se rompront sous vos doigts.

Ensemble, à pas légers, traversez la carrière;
Que votre main touche une heureuse main,
Et que vos pieds savans à leur place première
Reviennent, balancés dans leur double chemin.

Dansez : un jour, hélas ! ô reines éphémères!
De votre jeune empire auront fui les chimères;
Rien n'occupera plus vos cœurs désenchantés,
Que des rêves d'amour bien vite épouvantés,
Et le regret lointain de ces fraîches années
Qu'un souffle a fait mourir, en moins de temps fanées

Que la rose et l'œillet, l'honneur de votre front;
Et, du temps indompté, lorsque viendra l'affront,
Quelles seront alors vos tardives alarmes?
Un teint, déjà flétri, pâlira sous les larmes,
Les larmes, à présent doux trésor des amours,
Les larmes, contre l'âge inutile secours:
Car les ans maladifs, avec un doigt de glace,
Des chagrins dans vos cœurs auront marqué la place,
La morose vieillesse... O légères beautés!
Dansez; multipliez vos pas précipités,
Et dans les blanches mains les mains entrelacées,
Et les regards de feu, les guirlandes froissées,
Et le rire éclatant, cri des joyeux loisirs,
Et que la salle au loin tremble de vos plaisirs.

Où donc est la gaîté de la danse légère?
Ces mots ont-ils détruit sa grâce passagère?
Au lieu du rire éteint qui n'ose plus s'offrir,
L'éventail déployé nous dérobe un soupir.

Hélas ! lorsqu'un serpent est mort dans une source,
D'une eau vive et limpide elle poursuit sa course ;
Mais son matin n'a plus de fécondes vapeurs,
Et le gazon s'abreuve à des trésors trompeurs;
La reine-marguerite a perdu sa couronne,
Le bleuet incliné de pâleur s'environne,
Et l'enfant qui, joyeux, vient et s'y rafraîchit,
Pleure et crie en fuyant, car son genou fléchit,
Son cœur traîne un feu sourd, une torture amère,
Et des maux dont jamais n'avait parlé sa mère.

ODE.

LE MALHEUR.

LE MALHEUR.

SUIVI du Suicide impie,
A travers les pâles cités,
Le Malheur rôde, il nous épie,
Près de nos seuils épouvantés.
Alors il demande sa proie;
La jeunesse, au sein de la joie,
L'entend, soupire et se flétrit;
Comme au temps où la feuille tombe,
Le vieillard descend dans la tombe,
Privé du feu qui le nourrit.

Où fuir? Sur le seuil de ma porte
Le Malheur, un jour, s'est assis;
Et depuis ce jour je l'emporte
A travers mes jours obscurcis.
Au soleil, et dans les ténèbres,
En tous lieux ses ailes funèbres
Me couvrent comme un noir manteau;
De mes douleurs ses bras avides
M'enlacent; et ses mains livides
Sur mon cœur tiennent le couteau.

J'ai jeté ma vie aux délices,
Je souris à la volupté;
Et les insensés, mes complices,
Admirent ma félicité.
Moi-même, crédule à ma joie,
J'enivre mon cœur, je me noie
Aux torrens d'un riant orgueil;
Mais le Malheur devant ma face
A passé : le rire s'efface,
Et mon front a repris son deuil.

En vain je redemande aux fêtes
Leurs premiers éblouissemens,
De mon cœur les molles défaites
Et les vagues enchantemens :
Le spectre se mêle à la danse ;
Retombant avec la cadence,
Il tache le sol de ses pleurs,
Et de mes yeux trompant l'attente,
Passe sa tête dégoûtante
Parmi des fronts ornés de fleurs.

Il me parle dans le silence,
Et mes nuits entendent sa voix ;
Dans les arbres il se balance
Quand je cherche la paix des bois.
Près de mon oreille il soupire,
On dirait qu'un mortel expire,
Mon cœur se serre épouvanté :
Vers les astres mon œil se lève,
Mais il y voit pendre le glaive
De l'antique fatalité.

Sur mes mains ma tête penchée
Croit trouver l'innocent sommeil.
Mais, hélas! elle m'est cachée,
Sa fleur au calice vermeil.
Pour toujours elle m'est ravie,
La douce absence de la vie,
Ce bain qui rafraîchit les jours;
Cette mort de l'âme affligée
Chaque nuit à tous partagée,
Le sommeil m'a fui pour toujours!

Ah! puisqu'une éternelle veille
Brûle mes yeux toujours ouverts,
Viens, ô Gloire! ai-je dit, réveille
Ma sombre vie au bruit des vers.
Fais qu'au moins mon pied périssable
Laisse une empreinte sur le sable.
« La Gloire a dit : Fils de douleur,
« Où veux-tu que je te conduise ?
« Tremble, si je t'immortalise,
« J'immortalise le malheur. »

Malheur! ô quel jour favorable
De ta rage sera vainqueur ?
Quelle main forte et secourable
Pourra t'arracher de mon cœur,
Et dans cette fournaise ardente,
Pour moi noblement imprudente,
N'hésitant pas à se plonger,
Osera chercher dans la flamme,
Avec force y saisir mon âme,
Et l'emporter loin du danger ?

FIN.

TABLE DES MATIÈRES

CONTENUES DANS CE VOLUME.

86 31 10

POËMES JUDAÏQUES.

POEMES MODERNES.

FIN DE LA TABLE.

www.ingramcontent.com/pod-product-compliance
Lightning Source LLC
Chambersburg PA
CBHW050018100426
42739CB00011B/2699

* 9 7 8 2 0 1 2 1 6 8 9 8 5 *